Schnatzel Schnapf!

Gunnar Kunz

oder:
**Wie kommt
die Welt in meinen Kopf?**

Verlag Monika Fuchs

www.verlag-monikafuchs.de
www.schnatzelschnapf.de
www.gunnarkunz.de

Bibliografische Informationen der Deutschen Nationalbibliothek:
Die Deutsche Nationalbibliothek verzeichnet diese Publikation
in der Deutschen Nationalbibliografie;
detaillierte bibliografische Daten sind im Internet über
http://dnb.d-nb.de abrufbar.

ISBN 978-3-940078-32-2

© 2012 by Verlag Monika Fuchs | Hildesheim

Umschlaggestaltung und Satz: Medienbüro Monika Fuchs
unter Verwendung einer Illustration von Rannug
Illustrationen: Rannug | Berlin

Printed in EU 2012

Inhaltsverzeichnis

9	1. Kapitel	Wie Krümel von einem geheimnisvollen Wort erfährt
17	2. Kapitel	Wie Krümel herausfindet, dass er in Wirklichkeit unsichtbar ist
26	3. Kapitel	Wie Krümel mit allerlei merkwürdigen Leuten spricht
35	4. Kapitel	Wie Krümel die Antwort auf seine Frage entdeckt und warum diese Antwort schön und traurig zugleich ist
43	5. Kapitel	Wie Krümel einen seltsamen Gegenstand findet
51	6. Kapitel	Wie Krümel Hopsa von einem Traum erzählt
58	7. Kapitel	Wie Krümel feststellt, dass in dem seltsamen Gegenstand etwas noch Seltsameres verborgen ist

66	8. Kapitel	Wie Krümel eine Nachtwanderung macht
74	9. Kapitel	Wie Krümel zu einer Expedition aufbricht
82	10. Kapitel	Wie Krümel Schneeflocke und ihre Familie trifft
91	11. Kapitel	Wie Krümel eine Menge Spaß hat, obwohl es den ganzen Tag lang regnet
100	12. Kapitel	Wie Krümel und Hopsa Wolken beobachten

108	13. Kapitel	Wie Krümel Onkel Giggel und Tante Ziep besucht und Onkel Giggel ihm zeigt, was in ihrem Keller versteckt ist
118	14. Kapitel	Wie Krümel traurig und ängstlich und zornig ist, alles auf einmal
126	15. Kapitel	Wie Krümel merkt, dass jemand fort und trotzdem da sein kann
132	16. Kapitel	Wie Krümel und Hopsa das Jahr verabschieden
138	Anhang	Taps, Taps ...
143		Der Autor und Illustrator: Gunnar Kunz

1. Kapitel

Wie Krümel von einem geheimnisvollen Wort erfährt

Als Krümel die Fenster öffnete, war die Welt draußen wie verwandelt. Hatten in den vergangenen Wochen überall im Dreiwünschewald tiefe Pfützen gestanden, so kitzelten ihn jetzt die Strahlen der Frühlingssonne in der Nase, die Grashalme reckten sich dem Licht entgegen und die Bäume waren voller Vögel, die das erwachende Jahr mit einem Konzert begrüßten. An der Ecke des Hauses, da, wo seine Mama Tomaten gepflanzt hatte, blühte eine Kiekeda, und das war immer ein sicheres Zeichen dafür, dass der Frühling kam. »Eine Kiekeda, eine Kiekeda!«, rief Krümel begeistert, beeilte sich mit Waschen und Zähneputzen und lief die Treppe hinunter nach draußen.

Als erstes schnupperte er an der Kiekeda. Kiekedas rochen herrlich nach Honig und Vanille, und ihre Blütenblätter leuchteten in allen Regenbogenfarben. Krümel atmete den Duft ein, und als er sich wieder aufrichtete, hatte er ein komisches Kribbeln im Bauch. Nicht so, wie wenn er Brause trank, eher so, als kitzelten ihn die Sonnenstrahlen auch da drinnen. Als riefen sie ihm zu: Komm raus, du Schlafmütze, die Welt ist voller Abenteuer!

Krümel beschloss, die Umgebung zu durchstreifen. Vielleicht entdeckte er etwas, das noch niemand vor ihm gesehen hatte. Oder ihm begegnete ein Abenteuer. Abenteuer gab es nicht an jeder Ecke, man musste schon danach suchen. Am liebsten waren ihm die mit Geheimnissen. Es gab auch andere, solche mit Angst oder Gelächter oder Tränen. Und bei manchen Abenteuern kam alles zusammen. Die mit Angst mochte Krümel nicht. Das heißt ... eigentlich mochte er sie schon. Jedenfalls hinterher, wenn er keine Angst mehr hatte. Dann fand er nämlich, es waren die besten Abenteuer überhaupt. Aber die mit Geheimnissen waren auch gut.

Krümel ging zum Strand hinunter. Das Meer sah heute dunkelblau aus und schmückte sich mit Schaumkronen. Das Meer war jeden Tag anders. Es besaß die Macht, alle Farben anzunehmen, die man sich nur vorstellen konnte. Manchmal war es klar und friedlich, manchmal grummelte es düster vor sich hin. Es konnte genauso gut oder schlecht gelaunt sein wie Krümel selbst. Heute war es jedenfalls dunkelblau. Wie Tinte. Und die Schaumkronen sahen aus wie die Sahne, die seine Mama ihm manchmal auf den Kakao tat, wenn noch ein Klecks vom Kuchenessen übrig war.

Krümel ließ seine Pfoten von den Wellen überrollen. Als er noch klein gewesen war, hatte es ihm Angst gemacht, wenn das Meer nach ihm griff, aber jetzt nicht mehr. Jetzt wusste er, wenn man es achtsam behandelte und nicht herausforderte, tat es einem nichts. Es wollte nur seine Pfoten kitzeln und mit ihm spielen. Nicht einmal die laute Stimme des Meeres konnte Krümel noch erschrecken. Er sprang auf und ab, dass das Wasser nach allen Seiten spritzte, und kreischte.

Als er von dem Spiel genug hatte, wanderte er den Strand entlang und hielt Ausschau nach angeschwemmten Muscheln. Am Ende der Bucht entdeckte er, halb im Sand verborgen, einen Kiesel. Krümel hockte sich nieder und grub ihn aus. Der Kiesel war nicht einfach nur ein grauer Stein, sondern er hatte rote und braune Streifen und weiße Sprenkel und glänzende Stellen und Moos in den Poren. Und überhaupt war er so rund geformt, dass er sich einfach wundervoll in der Pfote anfühlte. Krümel hielt ihn ans Licht und betrachtete ihn von allen Seiten, bis er sich daran satt gesehen hatte. Zufrieden steckte er seinen Schatz zu den anderen Kieseln, die sich im Laufe der Zeit in der Tasche in seinem Fell angesammelt hatten.

Dann machte er sich auf die Suche nach Hopsa. Hopsa war sein bester Freund. Mit niemandem konnte man so gut nachdenken wie mit ihm. Er hörte einem immer zu, er störte einen nicht, wenn man gerade einen wichtigen Gedanken dachte, und er fand keine Frage seltsam. Wenn Hopsa nicht auf der Brücke saß, hielt er sich gewöhnlich in ihrem Versteck auf. Das Versteck war eine Höhle in den Felsen am Strand. Sie hatten sie gemeinsam bei einer Suche nach Muscheln entdeckt. Es war keine große Höhle, nur elf oder zwölf Schritte bis zum Ende, aber es war *ihre* Höhle, seine und Hopsas. Hier kamen sie her, wenn sie ungestört über etwas reden wollten, ohne dass ein vorbeikommender Erwachsener sie ermahnte, die Schnürsenkel zuzubinden oder achtzugeben, dass sie nicht ins Wasser fielen. Und hier bewahrten sie auch ihre größten Schätze auf. Die Muschel mit der geriffelten Schale, zum Beispiel, den Zahn, den Hopsa sich beim Sturz von einem Felsen ausgeschlagen hatte, oder die abgebrochene Flosse der Galionsfigur von Onkel Giggels Ruderboot.

Hopsa war tatsächlich in der Höhle. Er hatte es sich auf der Decke gemütlich gemacht, die sie Krümels Mama abgeschwatzt hatten, und lauschte dem Geräusch der Wellen. Das war das Beste an Hopsa: Mit ihm konnte man all die Dinge machen, die wirklich wichtig waren, Strandgut suchen, Fische im Bach beobachten, dem Geräusch der Wellen lauschen. Und über Geheimnisse reden.

»Ich hab' dich gesucht«, sagte Krümel, als er sich neben ihm zu Boden fallen ließ. »Sieh mal, was ich gefunden habe!« Er zeigte ihm den Kiesel.

Hopsa bewunderte ihn gebührend, fühlte ihn in seiner Pfote und betrachtete die glänzenden Stellen. »Toll«, meinte er, als er ihn zurückgab.

»Und was hast du gemacht?«, wollte Krümel wissen.
»Nachgedacht.«
»Worüber?«
»Über ein Wort, das ich im Wald gefunden habe.«

Die meisten Leute, die Krümel kannte, sammelten irgendetwas. Er selbst sammelte Steine und Muscheln und im Herbst verschiedenfarbiges Laub, Tante Ziep sammelte Blumen und klebte sie in ein Album, Onkel Giggel sammelte Lügengeschichten, und Herr Purzelbaum, der bei der alten Eiche wohnte, sammelte die Etiketten von Konservendosen. Hopsa sammelte Wörter. Er war überhaupt der größte Wörtersammler im ganzen Dreiwünschewald. Er hatte tolle Wörter in seiner Sammlung: komische wie *Kaulquappe, zappenduster, Tohuwabohu,* sonderbare wie *Lampenfieber* oder *Quadratwurzel* und komplizierte wie *Enzyklopädie*.

Hopsa fand Wörter bei den unmöglichsten Gelegenheiten. Manchmal ging er einfach herum, hörte den Leuten zu und schnappte eins auf, das ihm besonders gut gefiel. Manchmal bat er Erwachsene, ihm aus einem Buch vorzulesen, und wenn sie an ein Wort kamen, das ihm gefiel, rief er »Stopp!« und ließ es sich zwei- oder dreimal vorsagen, bis er es auswendig wusste. Manchmal – ganz selten nur, aber das waren die besten Augenblicke – fiel ihm auch eins ein. Zum Beispiel nachts, wenn er die Sterne beobachtete, während er auf dem Rücken in seiner Erdhöhle lag, sodass nur der Kopf herausguckte. Oder wenn er an der Brücke saß und den Wolken auf ihrer Wanderung zusah.

Weil er noch nicht lesen und schreiben konnte – erst nächstes Jahr würden sie in die Waldschule gehen und beides lernen, aber Krümel konnte schon seinen Namen schreiben, und darauf war er sehr stolz – weil Hopsa also noch nicht lesen und schreiben konnte, hatte er sich einen besonderen Platz in seinem Kopf eingerichtet, wo er sich all die Wörter merkte, die irgendwie etwas Besonderes waren. Besonders kurz oder besonders lang, besonders schön oder besonders hässlich. Oder besonders geheimnisvoll wie *Aurora* oder *Hieroglyphe* oder *Hyazinthe*, das war eine Blume, die, dachte Krümel, immer so klang, als wäre sie eigentlich ein verwunschenes Pferd: Hüa, Zinthe! Im Wald jedoch hatte Hopsa noch nie ein Wort gefunden. Schon deswegen musste es ein besonderes sein.

»Wo denn genau?«, erkundigte sich Krümel.

»Bei der alten Eiche. Es steht hier drauf.« Hopsa holte ein Stück Baumrinde hervor und legte es vorsichtig auf den Boden. Innen waren, deutlich erkennbar, Buchstaben eingeritzt.

»Herr Purzelbaum hat es mir vorgelesen«, sagte Hopsa. »Erst ein *S*, dann *c*, *h*, *n*. *Schn*-. Beim *n* ist die Borke abgebrochen. Ich finde, es sieht aus wie ein sehr langes Wort, deswegen habe ich gestern den ganzen Abend darüber nachgedacht. Und kurz vorm Einschlafen bin ich drauf gekommen, wie es heißt.« Er machte eine kleine Pause und sagte dann: »Schnatzelschnapf.«

Beide schwiegen ehrfürchtig. Wenn man ein richtig gutes Wort fand, musste man ihm Respekt zollen. Das war genau wie wenn man gute Kiesel fand oder einen seltenen Fisch im Wasser sah oder den Abendstern am Himmel entdeckte.

»Schnatzelschnapf«, sagte Krümel. Er wiederholte es mehrmals und ließ dabei die Silben im Mund zergehen. »Schnat-zel-schnapf.« Er probierte, was für eine Melodie darin verborgen lag. »Schnatzelschnapf.« Es hörte sich lustig an. Wie ein Sommerlied. Ein Lied, das ein Pinguin singen würde, der über eine Eisscholle watschelte. Obwohl ... das *Schnapf* am Ende hatte etwas Bedrohliches. Wie etwas, das einen mit einem Happs verschlingen wollte. Auf jeden Fall klang das Wort geheimnisvoll.

»Das ist schon komisch mit Wörtern«, sagte Hopsa. »Warum, zum Beispiel, heißt das Meer Meer?«

»Ich weiß nicht.«

»Hat sich das jemand ausgedacht? Oder hieß das Meer immer schon so? Und wenn das Meer nun anders heißen würde – zum Beispiel Muur – wäre es dann trotzdem noch das Meer? Oder würde es orange aussehen und nach Zitrone schmecken und riechen, als ob jemand Plätzchen backt?«

Krümel versuchte, sich vorzustellen, wie es war, wenn alles anders hieß. »Meinst du, man kann die Dinge ändern, wenn man ihnen einen neuen Namen gibt?«, fragte er.

»Die Dinge nicht. Aber was die Dinge in dir drin machen, das schon. Einmal, da habe ich im Wasser gestanden und mich vor einem Glitschding an meinen Beinen gefürchtet. Aber dann kam Herr Purzelbaum vorbei und hat gesagt, dass das Glitschding Alge heißt, und da war die Angst plötzlich ganz klein.«

Krümel wusste, was Hopsa meinte. So gesehen waren Wörter ganz schön stark. Stärker als Angst. Stärker als Traurigkeit. Denn einmal hatte er aus Versehen ein Glas kaputt gemacht und geweint, aber seine Mama hatte zu ihm gesagt: »Ist nicht schlimm, es war nur ein Glas, und alt war es außerdem«, und da hatte er sich gleich besser gefühlt. Nur wegen dem, was sie gesagt hatte. Denn das Glas war ja immer noch kaputt.

Wörter konnten auch wehtun, denn ein anderes Mal hatte ein Rüpelfant ihn Feigling genannt, und das war er gar nicht, aber es hatte trotzdem wehgetan, irgendwo da drinnen. Genauso weh, als hätte der Rüpelfant ihn gehauen. Und aus all diesen Gründen war es nur richtig, Wörtern Achtung entgegenzubringen.

Außerdem steckten sie voller Geheimnisse. Es gab Wörter, die konnte man vorwärts und rückwärts lesen, *Uhu*, zum Beispiel, oder *Ebbe*. Manche Wörter bedeuteten viele Dinge, obwohl sie ganz allein waren. *Hahn* war so ein Wort, denn so hieß der Hahn, der krähte, und der, aus dem Wasser floss. *Schloss* war noch so ein Wort, und *Schimmel* und *Blatt*. Dann gab es Wörter, in denen hatten sich andere versteckt, vielleicht, weil sie nicht gesehen werden wollten. Vielleicht, weil sie sich fürchteten. Zum Beispiel versteckte sich *Au* in *traurig*, *Wind* in *geschwind* und *ich* in *Geschichte*. Manchmal ergab es einen Sinn, welche Wörter sich in einem anderen versteckt hatten, und manchmal nicht.

    Krümel räkelte sich behaglich. Es war schön, hier auf der Decke zu liegen, das Rauschen der Wellen im Ohr, und mit seinem besten Freund über die Welt nachzudenken. Er schloss seine Augen. Ein Kiesel mit glänzenden Stellen und ein unbekanntes Wort an einem Tag! Das würde ein toller Frühling werden!

2. Kapitel

Wie Krümel herausfindet, dass er in Wirklichkeit unsichtbar ist

Der Frühling behauptete sich, die Sonne wurde stärker und blieb mit jedem Tag länger. Die Lichtungen im Dreiwünschewald waren übersät mit roten, blauen, gelben und weißen Tupfen; überall roch es süß und vielversprechend. Schmetterlinge flatterten umher, Tiere bekamen Junge, und die Obstbäume waren voller Blüten.

Krümel schlenderte über die Wiese am Bach und blieb von Zeit zu Zeit stehen, um eine Pusteblume anzupusten und zuzusehen, wie ihr weißer Flaum mit dem Wind davonschwebte. Er hielt Ausschau nach Hopsa, der wieder einmal nicht aufzufinden war. Wahrscheinlich suchte er neue Wörter für seine Sammlung, und wenn er auf Wörterjagd war, war Hopsa wirklich schwer zu finden. Vorsichtshalber ging Krümel zum Strand hinunter, um in ihrem Versteck nachzusehen.

Im Höhleneingang saß ein Fremder. Er war alt, viel älter als Krümels Papa oder Herr Purzelbaum, und trug eine blaue Kapitänsuniform. Aus getrocknetem Treibgut hatte er ein Feuer entzündet, über dem er einen Fisch briet. Krümel hatte immer geglaubt, niemand außer ihm und Hopsa würde das Versteck kennen.

Er starrte den Fremden an. Der Fremde starrte zurück.

»Das ist *unsere* Höhle«, sagte Krümel.

»So? Wo steht denn das geschrieben?«

»Nirgends. Es ist trotzdem unsere. Hopsa und ich haben sie entdeckt.«

»Vielleicht habe ich sie ja vor euch entdeckt. Vielleicht ist die Höhle schon seit vielen Jahren mein Versteck, länger als du auf der Welt bist.« Der Fremde drehte in aller Ruhe den Spieß mit dem Fisch um. »Wer bist du überhaupt.«

»Krümel.«

»Und was soll das sein, ein Krümel?«

»Na, ich.«

»Kann jeder behaupten. Woher weiß ich, dass du wirklich du bist? Woher weiß ich, dass du mich nicht anlügst?«

»Du kannst meine Mama und meinen Papa fragen. Und Hopsa.«

»Und woher wissen die, dass du wirklich du bist?«

»Weil sie mich kennen. Seit ich geboren bin.«

»Aber wenn sie sich nun irren? Vielleicht bist du ja in Wirklichkeit jemand anderes.«

»Bin ich nicht.«

»Bist du dir da sicher?«

»Natürlich!«

»Warum?«

»Na, weil ... weil ... weil ich eben Krümel bin.«

»Dann bist du also nichts weiter als ein Name? Und wenn du, sagen wir, Krickelkrackel heißen würdest, dann wärest du ein ganz anderer?«

Wäre er? Krümel hielt den Atem an und vergaß vor Schreck, wütend zu sein. Wenn er nicht Krümel hieße, würde er sich dann von innen immer noch wie Krümel anfühlen? Wörter besaßen große Macht. Sie konnten einen verändern, vielleicht sogar so sehr, dass er nicht länger Krümel war. »Ich weiß, wer ich bin«, widersprach er, so fest er konnte. »Ich bin ich.«

»Das kann gar nicht sein, denn *ich* bin ja schon ich.«

Ratlos stand Krümel vor dem Eindringling. Ging das? Konnte jeder auf der Welt sich als ein Ich anfühlen? Bedeutete das, dass niemand vom anderen zu unterscheiden war? »Ich bin aber wirklich ich«, sagte Krümel leise.

»Jeder behauptet, ich zu sein. Ich glaube dir kein Wort.« Der Fremde wandte sich einfach ab und briet weiter seinen Fisch über dem Lagerfeuer.

Jetzt war Krümel den Tränen nahe. Er wusste doch genau, dass er Krümel war! Andererseits ... ja, andererseits ... Wie bekam man heraus, wer man wirklich war? Wie konnte man da sichergehen?

Krümel drehte sich um und rannte, so schnell ihn seine Pfoten trugen, nach Hause. »Mama! Papa!«, rief er schon von weitem.

Krümelmama war eben dabei, einen Kuchen zu backen, einen mit Kirschen oben drauf, den er am liebsten mochte. »Möchtest du eine?«, fragte sie, als er außer Atem in die Küche stürzte, und schob ihm eine Kirsche in den Mund.

»Mmm«, machte er und konnte erst mal nicht sprechen. Der Saft war süß. Zu einem anderen Zeitpunkt hätte Krümel sicher um eine weitere Kirsche gebettelt und seiner Mama beim Backen zugesehen und vielleicht ein bisschen vom Teig naschen dürfen. Aber nicht heute. Heute gab es wichtigere Dinge. »Wer bin ich?«, fragte er.

Seine Mama legte ein paar Kirschen auf den Teigboden. »Du stellst wieder mal Fragen!«, sagte sie. »Du bist Krümel.«

»Aber wer ist das – Krümel?«

»Na, du eben.«

»Von dir aus gesehen bin ich du, aber von mir aus gesehen bin ich ich.«

»Kleiner Dummkopf«, sagte sie, aber sie sagte es so, dass er wusste, sie hatte ihn lieb. Und dass sie ihm bei seiner Frage nicht helfen konnte.

Also ging Krümel in den Schuppen, wo sein Papa Bretter für einen neuen Stuhl zurechtsägte, weil der alte unter dem Gewicht von Onkel Giggel zusammengebrochen war. »Wer bin ich?«, fragte er.

Krümelpapa unterbrach seine Arbeit und zauste ihm das Haar. »Ach, Krümel«, sagte er, »du und deine Fragen!«

»Wer bin ich?«

Sein Papa kratzte sich am Kopf, wie er es immer tat, wenn er nicht richtig wusste, was er sagen sollte. »Unser Kind. Ja, das bist du: unser Kind.« Er zauste ihm noch einmal das Haar und sägte weiter.

Krümel zog nachdenklich die Nase kraus. War das alles? War er einfach nur das Kind seiner Eltern? Und wenn er nun einen Bruder oder eine Schwester gehabt hätte? Die wären dann auch die Kinder seiner Eltern, und sie konnten ja nicht alle ich sein. Jedenfalls nicht dasselbe Ich. Nein, dachte Krümel, das genügt nicht. Ich bin mehr als das.

Bekümmert ging er vor die Tür, setzte sich ins Moos und dachte nach. In einer Pfütze erblickte er hellbraunes Fell und eine runde Nase und zwei lustige Ohren. Tante Ziep sagte immer: »Du hast die Augen von deiner Mama und den Mund von deinem Papa.« Aber auch das konnte nicht alles sein. Schließlich besaß er außerdem noch Pfoten und einen Bauch und einen Po. Und wem sahen die ähnlich? Krümel sprang auf. Wenn er sich die Leute anguckte, konnte er es vielleicht herausfinden!

Zuerst ging er zu den Tomatensträuchern, wo die Kiekedas blühten, und als er dort niemanden antraf, ging er hinter das Haus zu der Buche, an der seine Schaukel hing. Dort saß ein Holunderhörnchen im Moos und versuchte, eine Nuss zu knacken. Krümel kniete nieder, um es nicht zu verscheuchen. Das Holunderhörnchen blickte kurz auf und machte sich wieder über seine Nuss her. Es war überhaupt nicht ängstlich.

Krümel rückte näher und streichelte es zwischen den Ohren. Das Holunderhörnchen roch nach Herbstlaub, genau wie er. Und sein Fell war auch hellbraun und fühlte sich genauso weich an wie sein eigenes. Aber Krümel hatte keinen buschigen Schwanz. Und er knackte auch keine Nüsse mit den Zähnen. Nein, dachte Krümel, so etwas bin ich nicht.

Er stand auf und ging über die Lichtung zu den fünf Kiefern. Ein Klapperschnabel pickte dort im Erdboden herum in der Hoffnung auf einen Wurm. Von Zeit zu Zeit hüpfte er ein paar Schritte weiter und versuchte es an einer anderen Stelle.

Krümel lachte, als er das sah. Er konnte genauso gut hüpfen wie der Vogel. »Ich bin wie du«, sagte er und hüpfte neben ihm her.

»Quatsch«, erwiderte der Klapperschnabel. »Hast du etwa einen so schönen langen Schnabel wie ich?«

»Nein.«

»Und hast du etwa so prachtvolle Flügel?«

»Nein.«

»Na also.« Der Vogel breitete seine Flügel aus und flatterte davon.

Nein, dachte Krümel, so etwas bin ich wirklich nicht. Betrübt setzte er sich hin, legte den Kopf in die Pfoten und dachte nach. Der Klapperschnabel war mehr als nur Federn und Schnabel. Das Holunderhörnchen war mehr als nur Fell und buschiger Schwanz. Und er selbst war mehr als Fell und runde Nase und ein Mund, der aussah wie der von seinem Papa, und Augen wie die von seiner Mama. So wie Hopsa mehr war als grüne Haut und Fühler. Vielleicht hatte das, was Hopsa ausmachte – dass er Wolken lesen konnte und ein guter Freund war und Geheimnisse mit ihm teilte – überhaupt nichts mit seinem Aussehen zu tun. Denn diese Dinge konnte man ja nicht sehen. Natürlich, das musste des Rätsels Lösung sein! »Ich bin unsichtbar«, rief Krümel aus.

»Ha!«, kam es neben ihm aus dem Gras. Ein Nasenwurf streckte seinen Kopf aus der Erde und schüttelte sich, dass die Krumen nach allen Seiten flogen. »Ich kann dich aber sehen.«

»Du kannst meinen Kopf sehen und meinen Bauch und meine Pfoten, aber nicht mich«, widersprach Krümel.

»Pff!«, machte der Nasenwurf und grub sich wieder ein.

Krümel kümmerte sich nicht darum. Der Nasenwurf hatte ja keine Ahnung, was für wichtige Dinge er herausgefunden hatte! Die Farbe des Fells oder die Form der Nase waren nicht das Entscheidende. Selbst wenn er aussehen würde wie ein Rüpelfant oder eine grüne Haut hätte wie Hopsa, wäre er doch immer noch Krümel. Das Ich lebte nicht im Fell und auch nicht im Gesicht; es saß innen. Aber wo? Im Kopf? Doch was war, wenn er nachts schlief und gar nichts dachte? Gab es ihn dann auf einmal nicht mehr? Oder lebte sein Ich im Herzen? Aber in den Dörfern jenseits vom Dreiwünschewald gab es Leute, die ein Herz von jemand anderem bekommen hatten, weil ihr eigenes zu schwach war, und was war mit denen? Waren sie mit einem Mal nicht mehr sie selbst?

Er würde schon noch dahinterkommen. Denn das war das andere, was er heute gelernt hatte: Wenn man die richtigen Fragen stellte und lange genug nachdachte, konnte man alles herausfinden.

3. Kapitel

Wie Krümel mit allerlei merkwürdigen Leuten spricht

Als Krümel zum Haus von Herrn Purzelbaum kam, stand der gerade in seinem Garten und strich den Zaun mit grüner Farbe an.

»Guten Tag, Herr Purzelbaum«, sagte Krümel.

»Ach, du bist es, Krümel. Guten Tag.«

Am liebsten hätte Krümel Herrn Purzelbaum gefragt, woher er denn wusste, dass er Krümel war, aber er traute sich nicht. Erwachsene benahmen sich manchmal seltsam. Wenn man sich ernsthaft mit ihnen unterhalten wollte, guckten sie einen immer an, als hätte man etwas Komisches gesagt. Komplizierte Fragen waren nichts für sie. Sie konnten einem einfache Dinge erklären, zum Beispiel wie viel dreihundertvierundachtzig mal achthundertneunundsiebzig ist oder wo die Eskimos wohnten oder warum Wasser, wenn man es zum Kochen brachte, zu Dampf wurde. Bei den wirklich schwierigen Fragen wandte man sich besser an Kinder.

Da aber nun mal kein Kind in der Nähe war, blieb Krümel nichts anderes übrig, als sich an Herrn Purzelbaum zu wenden. Er überlegte, ob er ihm sagen sollte, dass er unsichtbar war, aber Herr Purzelbaum würde das nicht verstehen, und dann müsste Krümel lange Erklärungen abgeben, und vielleicht würde Herr Purzelbaum ihn sogar auslachen. Also sagte er nichts dergleichen, sondern fragte einfach: »Wer bin ich?«

»Wie? Was?«, machte Herr Purzelbaum und richtete sich so ruckartig auf, dass er sein Hemd mit Farbe bekleckerte. Seine Augen irrten umher. Er sah aus, als wolle er am liebsten ins Haus laufen und die Tür verriegeln.

Krümel dachte, dass er seine Frage schnell anders ausdrücken musste, bevor Herr Purzelbaum in Panik geriet. »Zum Beispiel du, du bist doch Herr Purzelbaum.«

»Das will ich meinen!«, sagte Herr Purzelbaum und richtete sich zu seiner ganzen Größe auf. Was nicht sehr groß war, denn sogar die Sonnenblumen in seinem Garten waren größer als er, und wenn er über den Zaun gucken wollte, musste er sich auf die Zehenspitzen stellen.

»Aber woher weißt du, dass du Herr Purzelbaum bist? Ich meine, dein Name steht auf deinem Klingelschild, aber wer bist du? Also da innen drin?« Krümel fand, dass es ganz schön schlau gewesen war, die Frage so herum zu stellen. Herr Purzelbaum sah auch nicht länger aus, als wolle er sich in seinem Haus verriegeln. Er fing an nachzudenken, und dabei tropfte noch mehr Farbe auf sein Hemd.

»Also ich«, sagte er schließlich, »ich bin einer, der ordentliche Blumenbeete in seinem Garten hat und Konservenetiketten sammelt und zweimal die Woche seinen Rasen schneidet.« Und während er das sagte, richtete Herr Purzelbaum sich noch mehr auf, sodass Krümel befürchtete, er würde jeden Moment das Gleichgewicht verlieren und hintenüberfallen. Herr Purzelbaum sah ihn an, als erwarte er eine Erwiderung.

»Danke«, sagte Krümel, weil ihm nichts Besseres einfiel.

»Gern geschehen.« Herr Purzelbaum beschäftigte sich wieder mit seinem Zaun.

»Warum streichst du den Zaun nicht rot?«, fragte Krümel. »Ich finde Rot schöner.«

»Ich nicht. Ich mag Grün lieber. Ich bin einer, der Grün mag. Und du bist einer, der Rot mag.«

Krümel stutzte. War es etwa das, was er war? Einer, der Rot mochte? Einer, der Blumenbeete lieber unordentlich hatte? Einer, der gern Erdbeereis aß und Muscheln und Herbstlaub sammelte? Aber Hopsa mochte auch Rot und Muscheln und Herbstlaub, und, na schön, er aß lieber Schokoladeneis, aber Erdbeereis mochte er auch. Es gab tausend Dinge, die Krümel mochte, und tausend Dinge, die er nicht mochte, aber das genügte einfach nicht, um zu sagen: Das bin ich. Nein, dachte Krümel, ich bin mehr als das.

»Weißt du was?«, sagte Herr Purzelbaum so plötzlich, dass Krümel, der ihn ganz vergessen hatte, zusammenzuckte. »Wenn du wissen willst, wer du bist, musst du über deine Wurzeln nachdenken.«

»Wurzeln?« Erschrocken blickte Krümel auf seine Pfoten. Aber seine Zehen waren immer noch rund und glatt, und Wurzeln sprossen nicht daraus hervor.

»Wo du herkommst, meine ich. Deine Eltern und Großeltern und Onkel und Tanten. Du bist mit ihnen aufgewachsen. Sie haben dich geprägt.« Herr Purzelbaum strahlte über das ganze Gesicht.

Krümel dankte ihm noch einmal und verabschiedete sich. Was waren das für Dinge, die ihn, wie Herr Purzelbaum sich ausdrückte, geprägt hatten? Seine Mama las ihm Gutenachtgeschichten vor. Sein Papa schnitzte ihm Tiere aus Holz. Onkel Giggel lachte so komisch, dass man immer mitlachen musste. Tante Ziep hatte ihm

eine gepresste Blume aus ihrer Sammlung geschenkt, die als Bild an der Wand seines Zimmers hing. Hopsa hatte ihm gezeigt, worauf man achten musste, wenn man Wolken beobachtete. Also war er einer, der eine Mama hatte, die ihm Gutenachtgeschichten vorlas, und einen Papa, der ihm Tiere schnitzte, und so weiter. Aber manchmal war er ganz allein in seinem Zimmer, und das zählte doch auch! Nein, dachte Krümel, das genügt nicht. Ich bin mehr als das.

So sehr war er in Gedanken versunken, dass er beinahe mit einer Gruppe Erdmunze zusammenstieß, die mit ihren Pfoten die Erde umwühlten auf der Suche nach Elfentränen, die man hin und wieder zwischen Baumwurzeln fand, vor allem unter Kastanien. Sie beobachteten ihn, als er näher kam, und stellten sich so, dass er nicht sehen konnte, wo sie gruben. Erdmunze waren von Natur aus misstrauisch.

»Was bist du denn für einer?«

»Ich glaube, ich bin ich«, sagte Krümel vorsichtig, »aber genau weiß ich das nicht.«

»Wo kommst du her? Wo wohnst du?«

»Na, hier, im Dreiwünschewald.«

»Aha, dann bist du also ein Dreiwünschewalder.«

Krümel war verwirrt. Sollte die Antwort auf seine Frage so einfach sein? Bedeutete Ich-Sein einfach, aus dem Dreiwünschewald zu kommen? Aber seine Eltern waren auch Dreiwünschewalder, und Onkel Giggel und Tante Ziep und Herr Purzelbaum ebenso, und sie waren trotzdem alle ein anderes Ich als er. »Nein«, sagte er, »ich bin nicht bloß einer, der irgendwo herkommt. Das genügt nicht. Ich bin mehr als das.«

»Freilich, freilich«, erwiderten die Erdmunze. »Entscheidend ist, wo man hin will.«

»Hin will? Was meint ihr? Eine Reise machen?«

»Was du in deinem Leben vorhast. Was willst du denn mal werden, wenn du groß bist?«

»Ich weiß nicht.«

»Denk nach, denk nach, das ist wichtig! Das Wichtigste überhaupt. Außer einer guten Drecksuppe mit fauligen Wurzeln, natürlich.«

»Vielleicht Zauberer. Oder Clown.«

»Aha, dann bist du also ein Zauberer. Oder ein Clown.«

Das sollte alles sein? Was war damit, dass er gern Erdbeereis aß und Muscheln sammelte und Hopsas Freund war? Offenbar genügte es auch nicht zu wissen, wo man hin wollte. Ein Ich zu sein war viel komplizierter, als es auf den ersten Blick aussah. »Nein«, sagte Krümel, »ich bin viel mehr als das.«

»Du nimmst dich zu wichtig«, behaupteten die Erdmunze. »Es kommt überhaupt nicht darauf an, was für ein Ich du bist. Viel wichtiger ist, irgendwo dazuzugehören.«

»Ihr meint, Freunde zu haben?«

»Ein Wir zu sein.«

»Wie kann man denn ein Wir sein?«

»Erdmunze sind ein Wir. Erdmunze haben keinen eigenen Namen. Wir gehören zusammen. Wenn du klug bist, suchst du dir auch welche, zu denen du gehören willst.«

Und – schwupp! – waren die Erdmunze in einem Erdloch verschwunden.

Nachdenklich sah Krümel ihnen nach. Ein Wir sein ... zu jemandem gehören ... Dann schüttelte er den Kopf. »Nein!«, sagte er laut. Er wollte kein Wir sein. Man konnte ein Wir nicht so lieben wie ein Ich. Er konnte den Wald lieben, aber nicht so, wie er die Buche liebte, an der seine Schaukel hing. Er konnte seine Familie lieben, aber nicht so, wie er seine Mama liebte, wenn sie ihm Geschichten vorlas, oder seinen Papa, wenn er ihm das Haar zauste. Er konnte die Bewohner des Dreiwünschewaldes lieben, aber nicht so, wie er Hopsa liebte, der sein Freund war. Weil Hopsa ein einziges, unverwechselbares Ich war.

Ehe er noch Gelegenheit hatte, seinen Gedanken zu Ende zu denken, kam eine Herde Rüpelfanten daher. »Platz da, jetzt kommen wir!«, riefen sie und schubsten andere Tiere beiseite.

Auch Krümel erhielt einen Stoß in den Rücken, dass er hinfiel. »Ihr habt mich geschubst!«, rief er.

»Allerdings, Kleiner«, sagte einer von ihnen und schubste Krümel noch einmal.

»Ihr seid gemein!«

Die Rüpelfanten lachten, stießen ihn ein paarmal zwischen sich hin und her und verschwanden dann trampelnd und lärmend zwischen den Bäumen.

Krümel ballte die Pfoten. Ich wünschte, ich wäre groß und stark, dachte er. Wenn er groß und stark wäre, dann müssten die Rüpelfanten *ihm* Platz machen, und keiner würde es mehr wagen, ihn

herumzustoßen. Dann fiel ihm plötzlich ein, dass alle vor ihm Angst haben würden, wenn er groß und stark wäre, sogar sein Freund Hopsa. Keiner würde mehr mit ihm spielen wollen. Und – er schlug sich erschrocken die Pfoten vor den Mund, als er das dachte – vielleicht würden alle glauben, dass er zu groß zum Kuscheln sei! Aber vielleicht konnte er nur ein klitzekleines bisschen stärker sein, nur so viel, dass die Rüpelfanten ihn nicht mehr anrempelten, aber nicht so viel, dass seine Mama und sein Papa ihn nicht mehr in den Arm nahmen.

Er versank wieder ins Grübeln. Man konnte sich wünschen, ein anderer zu sein. Einer, der stark war oder fliegen konnte oder am liebsten Rote Bete aß, die in Wirklichkeit eklig schmeckte. Aber würde sich dieses neue Ich daran erinnern, wie es war, als er die erste Kiekeda gesehen hatte und losgezogen war, um Abenteuer zu erleben? Und wäre dieses Ich noch mit Hopsa befreundet und wüsste, wie schön Mamas Gutenachtgeschichten waren? Nein, wenn er wählen müsste, würde er lieber nicht fliegen können und dafür Hopsas Freund bleiben und Mamas Gutenachtgeschichten hören.

Über all den schwierigen Fragen war der Tag dahingegangen, und er wusste immer noch nicht, was genau eigentlich ein Ich war. Gedankenverloren ging er nach Hause und grübelte beim Abendessen weiter und sogar noch, als es Zeit war, zu Bett zu gehen.

Nach dem Gutenachtkuss von seinem Papa und der Gutenachtgeschichte von seiner Mama dachte er noch einmal über die Dinge nach, die er herausgefunden hatte. Er war ein Ich, und seine Mama auch und sein Papa und Hopsa und überhaupt alle. Aber jeder war ein anderes Ich. Das Ich war unsichtbar und lebte irgendwo in einem drin. Es kam irgendwoher und ging irgendwohin und konnte viel mehr geliebt werden als ein Wir und sich wünschen, anders zu sein. Das alles hatte er an einem Tag herausgefunden. Aber, dachte Krümel schläfrig, ehe ihm die Augen zufielen, das genügt nicht. Ich bin mehr als das ...

4. Kapitel

Wie Krümel die Antwort auf seine Frage entdeckt und warum diese Antwort schön und traurig zugleich ist

Als Krümel aufwachte, tat ihm die rechte Seite weh, und als er sich dort betrachtete, entdeckte er einen blauen Fleck, da, wo die Rüpelfanten ihn gestoßen hatten. Er drückte ein paarmal mit den Pfoten darauf, aber es war nicht weiter schlimm. Er war auch gar nicht mehr wütend.

Krümel stand auf und stellte sich an das Lineal, das sein Papa an der Wand des Zimmers angebracht hatte, damit er sich messen konnte. Tatsächlich war er schon wieder einen Zentimeter gewachsen. So viele Dinge konnten in einer Nacht geschehen! Ein blauer Fleck, einen Zentimeter größer, und sein Zorn auf die Rüpelfanten war verschwunden. Er war ein Stück erwachsener geworden, in einer einzigen Nacht!

Aber ... konnte er dann noch derselbe sein wie gestern? Gestern hatte er noch keinen blauen Fleck gehabt, dafür war er wütend und außerdem kleiner gewesen als jetzt. Was für ein schrecklicher Gedanke, mit viel Mühe herauszufinden, wer man war, und am nächsten Morgen war man schon wieder ein anderer! Ging das? Dass man sich verwandelte wie eine Raupe in einen Schmetterling? Aber vielleicht war auch der Schmetterling innen drin, da, wo er unsichtbar war, immer noch eine Raupe.

Krümel setzte sich aufs Bett. Er hatte sich nicht nur außen verändert, sondern auch innen. Trotzdem fühlte er sich genauso an wie gestern. War das überhaupt möglich? Konnte man gleichzeitig ein anderer und doch derselbe sein?

Grübelnd wusch Krümel sein Schnäuzchen, putzte die Zähne und ging die Treppe hinunter in die Küche. Seine Eltern warteten schon mit dem Frühstück auf ihn. Kakao dampfte in seiner Tasse, und auf dem Teller lag ein Brot mit Kirschmarmelade.

»Guten Morgen, Krümel«, sagte sein Papa. »Wollen wir heute ein Picknick machen, wenn ich mit der Arbeit an dem Stuhl fertig bin? Die Sonne scheint so schön.«

»Ja«, sagte Krümel. Aber seine Gedanken waren woanders.

»Was ist los? Du bist so schweigsam.«

»Ich denke nach.«

»Ach so.«

Krümel biss in das Marmeladenbrot. »Bin ich noch derselbe Krümel wie gestern?«, fragte er.

»Du veränderst dich«, meinte sein Papa. »Du wächst und lernst. Letztes Jahr konntest du deinen Stuhl nicht tragen, weißt du noch? Und heute kannst du es. Als du klein warst, mussten wir dir beim Essen helfen, und heute isst du ganz allein.«

Krümel nickte. Es stimmte, er war jetzt schon groß. Es gefiel ihm, groß zu sein und von Tag zu Tag mehr zu können. Früher hatte er Angst vor Holunderhörnchen gehabt, heute nicht mehr. Früher hatte er nicht auf Felsen balancieren und nicht einmal richtig sprechen oder allein aufs Töpfchen gehen können, aber jetzt konnte er das alles. Und trotzdem war er innen drin immer noch Krümel.

Vielleicht bin ich einen Zentimeter größer und habe einen blauen Fleck und keine Wut mehr auf die Rüpelfanten, dachte Krümel, aber tief in mir drin liebe ich immer noch meine Mama und meinen Papa und esse gern Erdbeereis und bin Hopsas Freund. Es musste Dinge geben, die zum Ich gehörten, ohne ich zu sein, wie Wut oder wie gut man etwas konnte, und andere, die immer ich waren.

Zum Ich, das nicht wirklich ich war, gehörte, dass man sich verkleiden konnte, dass man sich wünschen konnte, jemand anderes zu sein, dass man irgendwo herkam und irgendwo hinging, dass man aussah wie jemand anderer, dass man sich veränderte und größer wurde und balancieren konnte, dass man alle möglichen Gefühle hatte, die kamen und auch wieder gingen. Aber was war dann wirklich ich?

Am Nachmittag ging Krümel mit seiner Mama und seinem Papa zum Strand hinunter und wanderte mit ihnen am Meer entlang, das smaragdgrün leuchtete und mit sanfter Stimme flüsterte. Am Ende der Bucht breitete sein Papa eine Decke aus, und seine Mama packte Kirschkuchen und eine Flasche mit Orangensaft aus dem Picknickkorb. Krümel lief eine Weile am Wasser herum und entdeckte ein Nest mit Eiern zwischen den Felsen. Aber er war heute nicht in Stimmung für Abenteuer, weil ihn das Rätsel um sein Ich nicht losließ.

Vielleicht war ein Ich überhaupt nicht nur *eine* Sache, sondern ganz viel, alles, was er erlebt hatte, was er einmal gewesen war, und alles, was neu hinzukam, obendrein. Sodass das Ich nie weniger, sondern im Gegenteil immer mehr wurde. Wie ein Haus, bei dem man auch jedes Jahr ein neues Stockwerk draufsetzen und ein Fenster austauschen oder die Wand neu streichen konnte, und trotzdem blieb es dasselbe Haus.

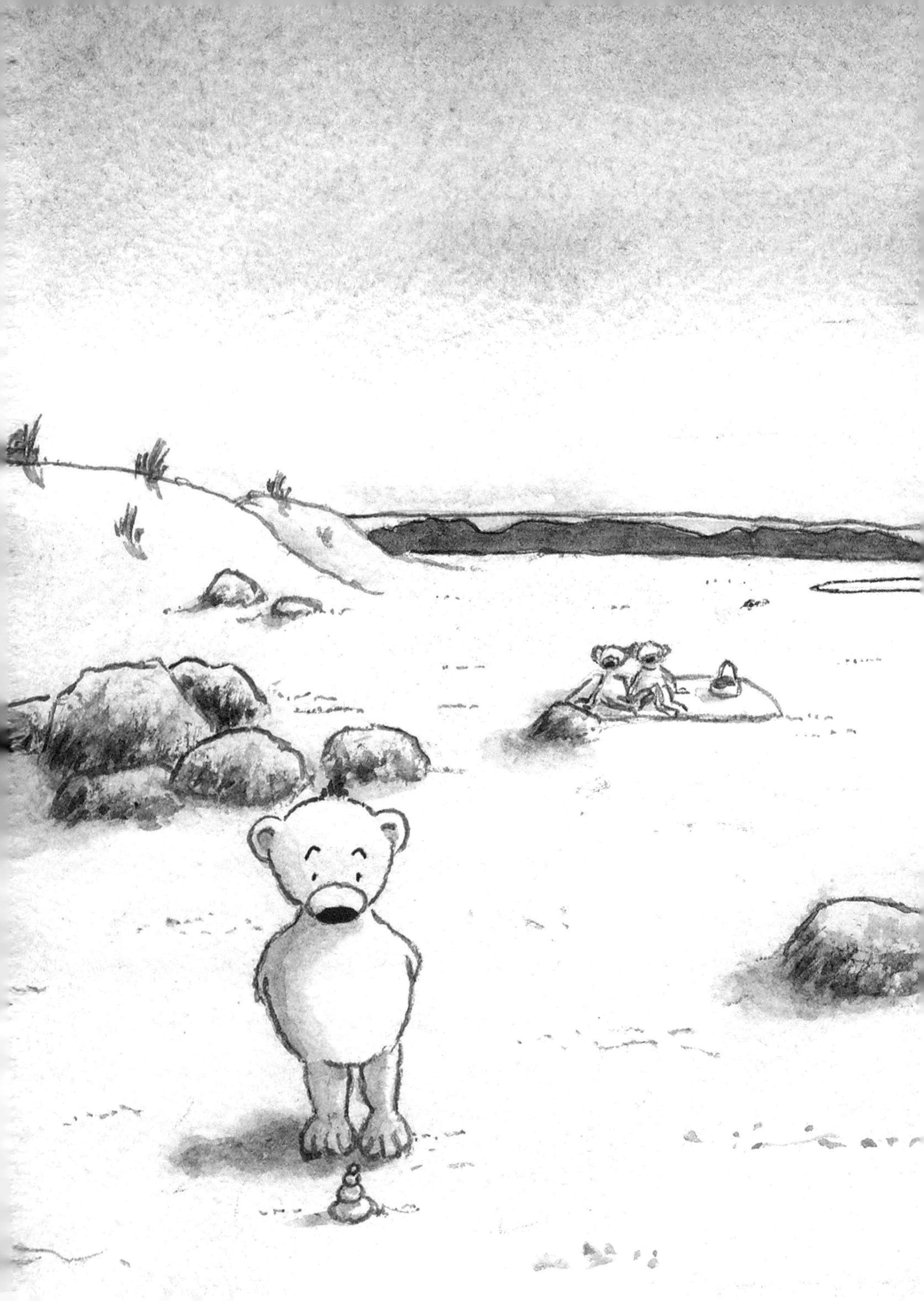

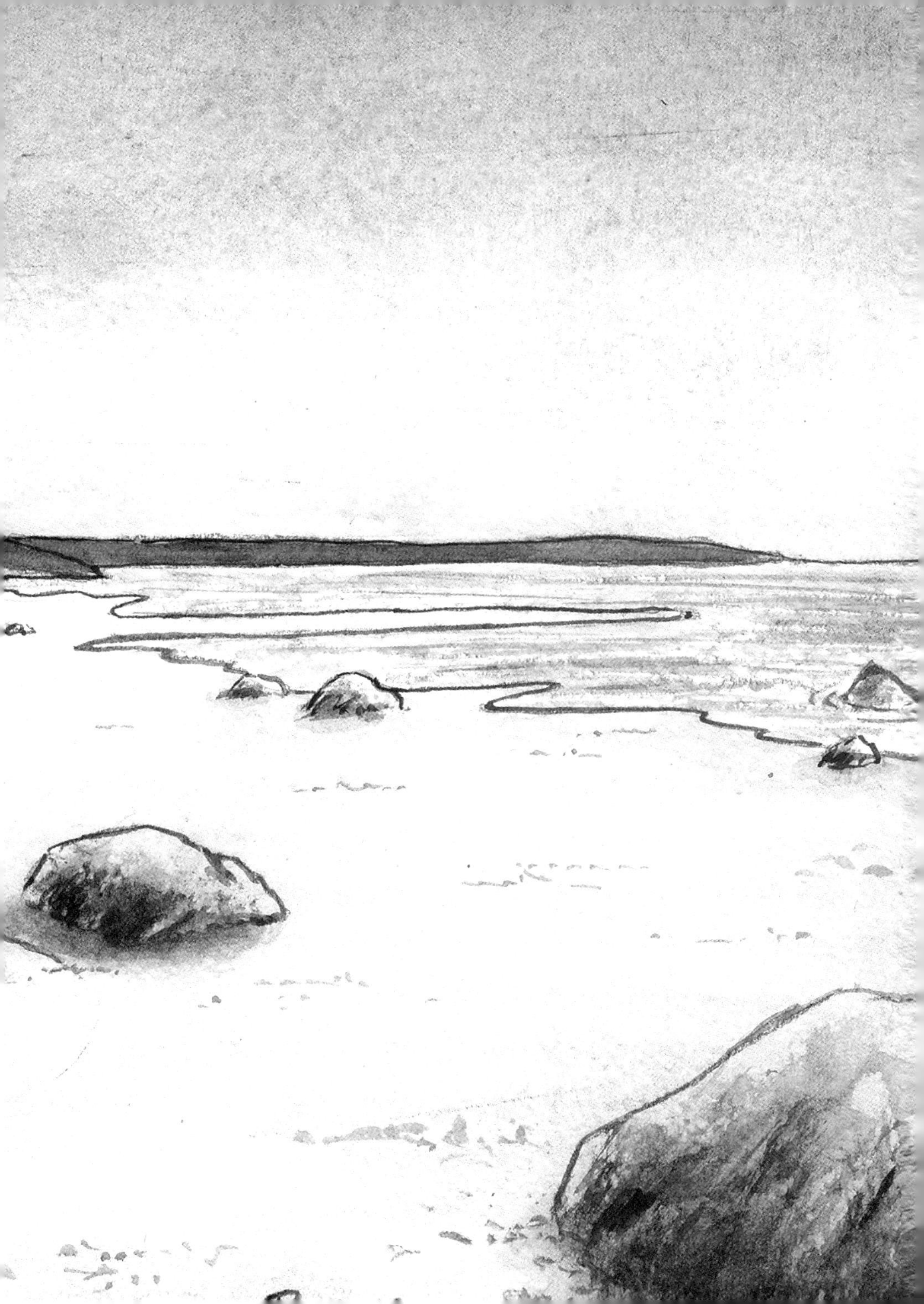

»Ja«, sagte seine Mama, als er sie danach fragte, »das stimmt. Deine Erfahrungen und Erinnerungen werden ein Teil von dir.«

Sie zog die Nase kraus, genau wie er es manchmal machte, wenn er nachdachte. Sein Papa leckte sich die Lippen, nachdem er einen Schluck Orangensaft getrunken hatte, und auch das machte Krümel genauso. Ich bin ein bisschen Papa und ein bisschen Mama und Onkel Giggel und Tante Ziep und Hopsa und das Holunderhörnchen, dachte Krümel. So viele Personen sind in mir drin! Alle in diesem kleinen Körper! Und in jedem anderen sind auch so viele Leute. War das nicht atemberaubend? Und weil er ein bisschen wie seine Mama war, wusste er, was es bedeutete, wenn sie die Nase kraus zog, und weil er ein bisschen wie sein Papa war, wusste er vorher, dass der sich die Lippen lecken würde, und weil er ein bisschen wie Hopsa war, wusste er, wie sein Freund sich fühlte, wenn er den Wolken zusah und seufzte.

Er war all das und sogar noch mehr. Denn in ihm drin war der Krümel, der den Kieselstein mit den blanken Stellen gefunden hatte, und der Krümel, der manchmal Angst hatte, wenn er nachts in seinem Bett lag, und der Krümel, der glücklich war, weil er die erste Kiekeda gesehen hatte. Und all das war er ganz allein, weil es kein Teil von jemand anderem war, sondern nur ihm gehörte. Da bleibt immer ein Rest, den niemand außer mir kennt, dachte Krümel. Ein Geheimnis, das nur mir gehört.

Er stand auf und ging zum Meer hinunter. Das Wasser kitzelte ihn an den Füßen, aber er wollte jetzt nicht spielen. Hier habe ich den Kiesel gefunden, dachte Krümel. Niemand war dabei gewesen. Niemand wusste, was für ein schönes Gefühl das gewesen war. Er konnte davon erzählen, und vielleicht hatten andere irgendwann einmal etwas genauso Kostbares gefunden und konnten verstehen, wie es für ihn gewesen war. Aber sie konnten nie, niemals genau dasselbe fühlen.

Mit einem Mal wurde Krümel traurig, weil er sich so sehr wünschte, dass jemand gerade diesen Teil von ihm kannte, gerade den Teil, der ganz tief in ihm drin war und der nur er allein war. Mit gesenktem Kopf kehrte er um.

»Willst du das letzte Stück Kirschkuchen?«, fragte seine Mama.

Er schüttelte den Kopf, weil er einen dicken Kloß im Hals hatte und nicht sprechen konnte.

»Oder etwas Saft?«, fragte sein Papa.

Wieder schüttelte er den Kopf.

»Du siehst traurig aus. Was ist denn los?«

Da erzählte Krümel ihnen, was er herausgefunden hatte, alles: dass er unsichtbar war und ein Stück Mama und Papa und alle möglichen Leute, und dass da trotzdem ein Krümel in ihm drin war, der er ganz allein war, der Dinge fühlte, die weder seine Mama noch sein Papa fühlen konnten.

»Das stimmt«, sagte Krümelmama, »aber wir lieben trotzdem alles, was du bist.«

»Auch die Teile, die keiner außer dir kennt«, fügte Krümelpapa hinzu.

»Ganz egal, was in mir drin ist?«

»Ganz egal, was in dir drin ist.«

Und da war Krümel mit einem Mal so froh, dass er am liebsten laut geschrien hätte. Aber er tat es nicht, sondern kuschelte sich stattdessen bei seiner Mama und seinem Papa an, während er das letzte Stück Kirschkuchen aß, ein großes Stück mit zwei Kirschen extra. Und er war froh, dass er kein Rüpelfant war und dass niemand vor ihm Angst hatte oder der Meinung war, er sei viel zu groß zum Kuscheln.

5. Kapitel

Wie Krümel einen seltsamen Gegenstand findet

Der Sommer war gekommen. Auf den Feldern reiften die Früchte, Margeriten überzogen die Wiesen, und der Dreiwünschewald bestand aus nichts als saftigem Grün. Krümelpapa hatte für Krümel und Hopsa eine Wippe gebaut, auf der saßen die beiden, stießen sich vom Boden ab und kreischten, wenn sie in die Höhe flogen. Oder sie versuchten, sich so schwer zu machen, dass der andere in der Luft hängen blieb, bis sie sich unerwartet vom Boden abstießen und erneut kreischten. Das war das Tolle an Freundschaft: Man konnte Dinge tun, die allein unmöglich waren.

Als sie sich schließlich ins Moos fallen ließen, waren sie außer Atem, aber sie konnten einfach nicht aufhören zu kichern, weil sie sich immer, wenn sie es beinahe geschafft hatten, ernst zu werden, daran erinnerten, wie ihr Magen bei jedem unvermuteten Auf und Ab umhergesprungen war.

Eine Weile lagen sie einfach nur nebeneinander und genossen die Erschöpfung, aber dann ließen ihnen der süße Duft der Blumen und die kitzelnden Sonnenstrahlen keine Ruhe. Sie sprangen wieder auf und rannten zum Strand hinunter, um Muscheln zu suchen oder *Löwe* zu spielen, ein Spiel, bei dem sie fauchen und brüllen und einander jagen konnten und mit zu Krallen geformten Pfoten bedrohliche Spuren in den Sand kratzten.

Das Meer sah heute freundlich aus. Seine Oberfläche schimmerte türkis und erweckte den Eindruck, als könne man bis auf den Grund sehen. Die Wellen kamen nur langsam auf den Strand gekrochen; vielleicht waren sie müde. Auch der Wind hatte sich schlafen gelegt. Ganz weit hinten auf dem Meer entdeckte Krümel einen schwarzen Klecks, der sich als Ruderboot entpuppte.

»Das ist Käpt'n Lebertran«, erklärte Hopsa. »Er kommt manchmal an unseren Strand, um sein Boot auszubessern.«

»Trägt er eine Kapitänsuniform?«

»Ja.«

Aha, dachte Krümel, Käpt'n Lebertran hieß also der Eindringling, der Fische in ihrer Höhle briet! Er verfolgte, wie der Klecks ein Stück näher kam und sich wieder entfernte. »Was macht er?«

»Ich glaube, er angelt.«

Sie setzten sich in den warmen Sand und beobachteten Käpt'n Lebertran.

»Das ist komisch«, sagte Krümel nach einer Weile.

»Was ist komisch?«

»Dass der Käpt'n und sein Boot so klein sind. Hier am Strand wären sie doch normal groß. Warum wird alles kleiner, wenn es weit weg ist?«

»Es wird nicht kleiner, das sieht bloß so aus.«

»Aber wie sind die Dinge dann in Wirklichkeit? So groß, wie wenn wir direkt davor stehen? Oder so groß, wie wenn sie ganz weit weg sind?«

Hopsa legte nachdenklich den Kopf schief. »Du hast recht, das ist komisch.«

Eine Weile sahen sie zu, wie das Boot in der Ferne auf den Wellen schaukelte.

»Es gibt noch mehr Dinge, die nicht so sind, wie sie aussehen«, meinte Hopsa. »Guck mal, hier!« Er zeigte auf ein Wasserloch im Sand.

Krümel wusste, was Hopsa meinte. Auf dem Grund lag eine Muschel. So klar war sie zu erkennen, dass man glauben konnte, man müsse nur hineingreifen, um sie sich zu nehmen. Aber wenn man es tat, griff man daneben, weil die Muschel gar nicht da war, wo man dachte, sondern ein Stück entfernt.

»Und andere Dinge sind mal so, mal so«, sagte Krümel, nachdem er noch ein bisschen nachgedacht hatte. »Die Rüpelfanten sagen ›Kleiner‹ zu mir, und Onkel Giggel und Tante Ziep sagen immer: ›Du bist aber groß geworden.‹«

»Vielleicht gibt es in Wirklichkeit gar kein groß und klein, nur ein größer als irgendwas und ein kleiner als irgendwas anderes.«

»Ja, aber es ist nicht nur, wie groß man ist. Tante Ziep findet zum Beispiel, dass Rote Bete toll schmeckt. Ich finde sie nur bääh.«

»Vielleicht fühlt sich Rote Bete für deine Tante ganz anders auf der Zunge an als für dich. Vielleicht fühlen sich überhaupt alle Dinge für jeden anders an.«

»Du meinst, dasselbe Erdbeereis schmeckt für dich anders als für mich?«

»Ja.«

Das war allerdings ein ungeheurer Gedanke. »Wie können wir dann überhaupt sagen, das Eis schmeckt nach Erdbeeren oder das Wasser ist blau? Wenn alles für jeden ganz anders ist?«

Darauf wusste auch Hopsa keine Antwort, und so schwiegen sie wieder.

Die Vorstellung, dass nichts so war, wie man glaubte, bereitete Krümel Unbehagen. Boote waren anders, als sie aussahen, Muscheln lagen nicht da, wo man sie vermutete, Leute nannten einen groß oder klein, wie es ihnen gerade passte, und wenn er und Hopsa an einem Erdbeereis leckten, schmeckte Hopsa etwas ganz anderes, obwohl es doch dasselbe Eis war. Nichts schien wirklich zu sein. Und noch etwas fiel ihm ein. »Was ist ein Loch?«, fragte er.

»Na, ein Loch ist nichts.«

»Genau. Aber wie kann es einen Namen für etwas geben, das gar nicht da ist?«

Sie grübelten, kamen jedoch zu keinem Ergebnis.

»Lass uns Muscheln suchen«, schlug Hopsa vor, als es ihm zu langweilig wurde.

Zu zweit gingen sie über den Strand. Sie fanden ein Schneckengehäuse, das wie das Horn einer Ziege gedreht war, und eine Muschel mit geriffelter Schale, die eine rosarote Farbe hatte. Dann entdeckte Krümel in der Ferne etwas Helles, das die Wellen von Zeit zu Zeit anstupsten und den Strand hinaufschoben. Eilig rannten er und Hopsa dorthin. Das seltsame Ding sah aus wie der Hut von einem Pilz und war grün und algenbehängt. Es musste wohl schon eine Weile im Wasser gelegen haben. Das Meer hatte es ans Ufer gespült, vielleicht, um Krümel eine Freude zu machen, weil es wusste, wie sehr er geheimnisvolle Dinge liebte.

Krümel hob den Gegenstand auf. Er war schwer und voll gelber und lila Noppen, die aussahen, als hätte das Ding Masern. Krümel strich mit der Pfote über die Oberfläche. Rau. Er fuhr damit über seine Wange. Kratzig. Er schüttelte es, aber es schien aus festem

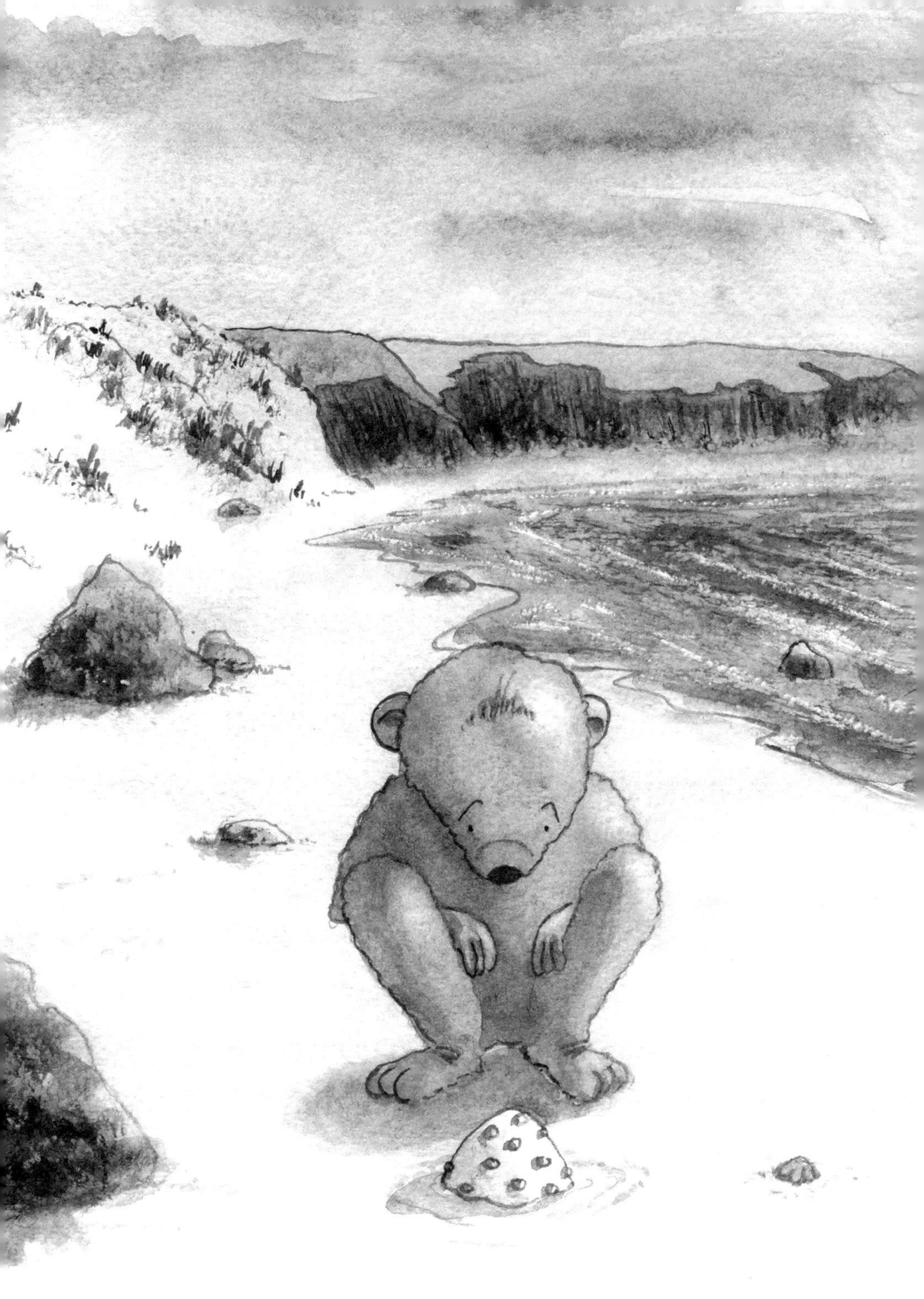

Material zu bestehen. Er schnupperte an dem Ding: Es roch nach Seetang. Vorsichtig leckte er daran, spuckte jedoch gleich wieder aus. Salzig. Er reichte es Hopsa weiter, der das kostbare Fundstück in seine Pfoten nahm und genauso fachmännisch begutachtete wie Krümel.

Wozu mochte das seltsame Ding gut sein? Die Farbe sah keiner Sache ähnlich, die Krümel kannte, nicht einmal dem Gemisch, das entstand, wenn er grünen Wackelpudding mit Vanillesoße verrührte. Das Gefühl, wenn er über die Oberfläche strich, erinnerte ein bisschen an Mauerputz. Aber das Ding war nicht aus Stein, dazu war es viel zu leicht. Und aus Holz auch nicht, denn dann hätte man die Maserung sehen müssen.

Krümel hielt es am ausgestreckten Arm von sich und betrachtete es eindringlich. »Es ist irgendwie ...« Er zog die Nase kraus. Sein Bauch war so übervoll mit Gefühl, dass er beinahe platzte. Er wollte etwas sagen, aber das richtige Wort wollte ihm nicht einfallen. Dabei wusste er genau, dass es eins dafür gab. Wenn er das Wort fand, wäre es wie eine Tür, durch die seine Gefühle nach draußen strömen konnten. Aber er fand es nicht, und deshalb stauten sie sich in seinem Bauch. Es machte ihn ärgerlich, dass das Wort sich vor ihm versteckte. Je mehr er suchte, desto tiefer vergrub es sich, und das machte seinen Bauch noch voller mit Ärger. »Das Wort versteckt sich vor mir«, schimpfte er.

»Ja«, erwiderte Hopsa, »manchmal sind Wörter scheu und mögen nicht herauskommen.«

»Weißt du, welches Wort ich meine?«

»Vielleicht ... komisch?«

»Nein.«

»Verrückt?«

»Nein.«

»Seltsam?«

»Nein, nein, ich meine mehr als das. Seltsam, aber gleichzeitig schön. Seltsamschön.«

»Denk einfach nicht mehr dran«, schlug Hopsa vor. »Manche Wörter werden zutraulich, wenn sie sich nicht beobachtet fühlen.«

Krümel nickte. Er vertraute Hopsa. Wenn es um Wörter ging, wusste keiner so gut Bescheid wie er.

Sie stellten allerlei Versuche mit dem Pilzding an, um herauszufinden, wozu es diente, probierten, wie hart es war, indem sie es vorsichtig gegen einen Stein schlugen, kratzten ein Stück davon ab und lösten es in Wasser auf. Das Geheimnis blieb ein Geheimnis.

»Es könnte ein Stück von einem Meteor sein«, sagte Hopsa.

»Aber diese komischen Huckel!«

Hopsa befühlte die Ausbuchtungen, drückte darauf, stupste sie. »Vielleicht ist es eine Art Hut.«

Gemeinsam überlegten sie, wie ein Wesen aussehen müsste, das einen solchen Hut trug, und malten Bilder in den Sand.

»Es muss einen flachen Kopf haben, sonst fällt der Hut runter«, sagte Krümel. »Etwa so.«

»Oder es trägt den Hut andersrum, mit der Spitze nach unten. Dann müsste es ein Loch im Kopf haben … so.«

Sie kicherten immer lauter, je verrückter ihre Bilder wurden, und schließlich hatten sie den halben Strand mit Gestalten vollgemalt, von denen eine sonderbarer als die andere aussah. Sie beschlossen, dem Zweck des seltsamen Gegenstandes ein andermal auf den Grund zu gehen. Das Jahr war noch lang. Und ein Geheimnis, von dem man lange etwas hatte, war noch besser als eins, das man im Nu aufklärte.

Sie brachten das Pilzding zu ihren Schätzen in die Höhle, und dabei kam das Wort, das Krümel gesucht hatte, von selbst heraus. »Zauberhaft«, sagte er, und die Stelle in seinem Bauch, die sich vorhin vor Ärger zusammengeschnürt hatte, wurde wieder weich. Ja, das hatte er gemeint! Zauberhaft. Seltsam und schön zugleich.

Sie wickelten das Ding in die Decke und versteckten es in einem Loch, das sie mit Steinen verschlossen, damit Käpt'n Lebertran es nicht fand, falls er wiederkam. Bisher hatte er zwar ihre Schätze nicht angerührt, weder die Muschel mit der geriffelten Schale noch Hopsas Zahn oder die Flosse von der Galionsfigur. Aber man wusste ja nie.

In stummer Eintracht standen sie vor dem getarnten Loch. »Jetzt haben wir zwei Geheimnisse«, sagte Hopsa. »Ich habe ein Wort und du ein Hut-Meteor-Pilzding. Das wird ein toller Sommer!«

6. Kapitel

Wie Krümel Hopsa
von einem Traum erzählt

Krümel träumte, dass er fliegen konnte. Er besaß Flügel anstelle seiner Arme, und jede Bewegung trug ihn höher in die Lüfte, bis an die Sterne heran. Wenn er oben war, konnte er die Flügel an seinen Körper anlegen und pfeilschnell nach unten schießen, ehe er sich in einem Gleitflug wieder abfing. Es war ein tolles Gefühl, ein bisschen wie auf einer Schaukel, nur noch wilder. In seinem Traum gab es auch das geheimnisvolle Pilzding, und das erwachte mit einem Mal zum Leben. Zuerst gab es Geräusche von sich, surrte und klingelte, dann verwandelten sich die Noppen in Augen, die ihn anglotzten, sich zu Blasen wölbten und zerplatzten, und die grüne Farbe wurde rot und blau und silbern und war in ständiger Bewegung. Die Spitze von dem Pilzding wurde lang und länger und schlängelte sich um Krümels Beine, mitten in seinem Flug. Die

Schlinge hielt ihn fest, obwohl er sich wehrte, und zerrte ihn auf die Erde zurück, wo das Ding zu Käpt'n Lebertran wurde, zu Herrn Purzelbaum, zu einem Rüpelfanten. Und der Rüpelfant sah ihm ins Gesicht, lachte: »Ich bin ich« und verwandelte sich in Krümel.

An der Stelle wachte Krümel auf. Erschrocken schlug er seine Decke zurück, setzte sich auf die Kante des Bettes und versuchte, sich davon zu überzeugen, dass es nur ein Traum gewesen war. Aber alles hatte sich echt angefühlt, genauso echt wie das Wasser, mit dem er sich jetzt das Schnäuzchen wusch, und die Bürste, mit der er sich die Zähne putzte.

Gleich nach dem Frühstück rannte er nach draußen. Er war mit Hopsa an der Brücke verabredet; vielleicht konnte sein Freund den Dingen, die ihm durch den Kopf gingen, einen Sinn geben.

Hopsa war schon da. Er lag auf dem Bauch und beobachtete das Glitzern der Sonne auf dem Wasser und eine Plötze, die sich zwischen den Steinen im Bachbett entlangschlängelte und darauf wartete, dass eine Mücke dumm genug war, dicht über die Wasseroberfläche dahinzufliegen. Die Sonne brannte, obwohl es noch früh am Morgen war. In letzter Zeit war es immer so heiß, dass man bei der geringsten Anstrengung schwitzte.

»Ich muss dich was fragen«, platzte Krümel heraus und erzählte von seinem Traum. Als er damit fertig war, sagte er: »Und jetzt weiß ich nicht, ob ich das alles wirklich erlebt habe. Es war genauso echt wie du oder die Brücke.«

Hopsa nickte, und Krümel fühlte sich gleich besser. Hopsa verstand ihn. Eine Zeitlang saßen sie stumm nebeneinander. Krümel wusste, dass Hopsa über das, was er gesagt hatte, nachdachte, deshalb machte es ihm nichts aus, dass sie kein Wort sprachen. Manchmal fühlte sich Stille an, als ob man miteinander redete.

Ihm fiel der Tag ein, als Käpt'n Lebertrans Boot in der Ferne winzig ausgesehen hatte. In Wirklichkeit war das Boot genauso groß gewesen wie vorher, er hatte nur gedacht, es sei winzig. Weil das Boot gar nicht das Boot gewesen war, sondern nur etwas in seinem Kopf. Genau wie Träume. Und Träume waren nichts anderes als Gedanken. Konnten Gedanken wirklich sein? So wirklich wie ein Boot? So wirklich wie alles, was er sah?

Er lehnte sich gegen das Brückengeländer. Über ihm war der Himmel mit den vielen Wolken und vor ihm der Bach und der Dreiwünschewald, und alles zusammen war so riesig! Wie kam der große Wald nur in sein kleines Auge rein? »Ich glaube, das ist gar nicht der echte Wald, den ich sehe«, sagte Krümel. »So wie ich neulich nicht das echte Boot von Käpt'n Lebertran gesehen habe.«

»Du meinst, in Wirklichkeit ist alles nur in uns drin?«

»Die Brücke ist außen, aber mein Gefühl von der Brücke ist innen. Wenn ich höre, wie Mama mir eine Geschichte vorliest, höre ich sie in meinem Kopf. Wenn ich einen Kirschkuchen rieche, rieche ich ihn in meinem Kopf. Wenn ich Eis schmecke, schmecke ich es in meinem Kopf.«

Hopsa legte sich auf den Bauch, sodass er halb über dem Wasser hing, und tauchte seine Pfote in den Bach. Die Plötze verschwand erschrocken zwischen den Steinen. »Ich kann das Wasser fühlen«, sagte Hopsa. »Und das Holz der Brücke auch.«

Krümel legte sich neben ihn und tat es ihm nach. Das Wasser war kühl. Die Strömung strich an seinem Fell vorbei. Er achtete auf den Druck der Brückenbretter an seinen Knien und das Kribbeln an seiner Pfote. »Aber nur innen drin«, sagte er. »Ich kann es nicht außerhalb von mir fühlen.«

Hopsa brummte zustimmend.

»Wenn die Welt nur in meinem Kopf ist«, sagte Krümel, »dann kann ich überhaupt nicht wissen, was ein Traum ist und was nicht.«

»Aber du bist aufgewacht.«

»Ich könnte träumen, dass ich aufgewacht bin. Vielleicht liege ich in Wirklichkeit immer noch in meinem Bett und träume, dass ich dir von meinem Traum erzähle, und gleich kommt Mama und weckt mich.«

»Das glaube ich nicht«, sagte Hopsa, aber er klang unsicher. »Schließlich bin ich hier und spreche mit dir.«

»Ich könnte träumen, dass du hier bist und mit mir sprichst. Ich könnte überhaupt alles träumen: die Wolken, die Brücke, dich, das geheimnisvolle Ding, das wir gefunden haben, einfach alles, was es gibt.« Das war ein so ungeheuerlicher Gedanke, dass es Krümel die Sprache verschlug. »Vielleicht denke ich nur, dass du da bist«, flüsterte er. »Vielleicht ist die ganze Welt nur mein Gedanke.«

»Ich weiß, dass ich da bin«, sagte Hopsa. »Und wenn *ich* die ganze Welt bloß denken würde und *du* die ganze Welt bloß denken würdest, dann würde nicht dasselbe dabei rauskommen.«

Krümel zuckte mit den Schultern. Wenn er sich Hopsa nur ausgedacht hätte, dann hätte er sich vielleicht einen Hopsa ausgedacht, der denken würde, dass er da wäre. Aber das sagte er nicht laut, weil das ein richtig schrecklicher Gedanke war. Denn das würde ja bedeuten, dass er in Wirklichkeit ganz allein auf der Welt war.

»Außerdem«, sagte Hopsa und grinste dabei, »außerdem würde ich mir keinen Spinat ausdenken.«

Krümels Gesicht hellte sich auf. Da war etwas dran! Wenn er die ganze Welt träumen würde, dann würde er sich vielleicht Erdbeereis und Muscheln und Geheimnisse ausdenken, und vielleicht würde er sich sogar Dinge ausdenken, vor denen er Angst hatte, Rüpelfanten und Geister und so etwas, aber gewiss keinen Herrn Purzelbaum, der ordentliche Blumenbeete mochte und zweimal die Woche das Gras in seinem Garten schnitt, und keine langweiligen Sonntagnachmittage, an denen überhaupt nichts passierte und man immerzu Leuten, die man gar nicht kannte, die Pfote geben musste. Nein, so etwas war einfach undenkbar. »Also war mein Traum doch nur ein Traum«, sagte er erleichtert.

»Bestimmt.«

»Ich wünschte, ich wüsste, wo meine Träume herkommen!«

»Vielleicht liegen sie unter deinem Kissen, wenn du dich hinlegst, und warten, bis du einschläfst, um in deinen Kopf zu kriechen.«

»Meinst du?«

»Ich weiß nicht. Vielleicht.«

Krümel beschloss, heute Abend, bevor er schlafen ging, nachzusehen. Wenn das stimmte, dann konnte man möglicherweise die schlimmen Träume aussortieren. Die schönen, in denen Feen vorkamen oder Erdbeereis, konnte man liegen lassen oder aufheben für langweilige Tage, und die schlimmen tat man in ein Einweckglas und machte es fest zu, damit sie nie, nie wieder rauskamen.

Krümel und Hopsa setzten sich an den Rand der Brücke und ließen ihre Beine ins Wasser baumeln. Das Sonnenlicht tanzte auf der Oberfläche.

»Hast du herausgefunden, was Schnatzelschnapf bedeutet?«, fragte Krümel nach einer Weile.

Hopsa schüttelte den Kopf. »Ich habe alle möglichen Leute gefragt, aber keiner hatte eine Idee.«

»Schade.« Wie konnte man dieses Rätsel bloß lösen? Das Problem war, dass ein Ding und sein Name sich oft gar nicht ähnlich

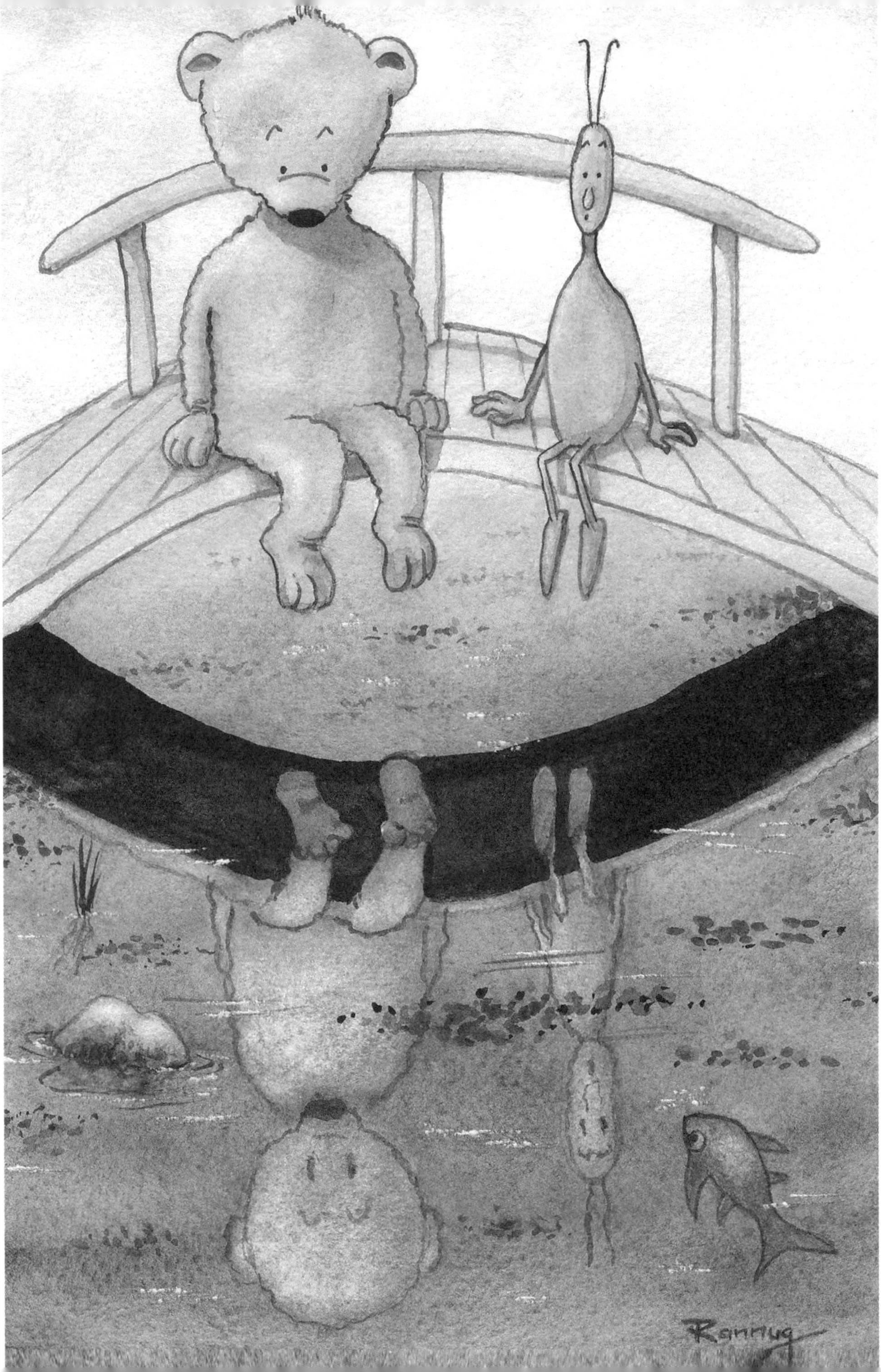

sahen. Das Wort *Hund*, zum Beispiel, sah überhaupt nicht aus wie ein Pudel oder ein Dackel, und es bellte auch nicht, und trotzdem bedeutete es Hund. »Wie können Wörter einfach irgendwas bedeuten? Jemand muss die doch erfunden haben.«

»Ich bin nicht sicher«, sagte Hopsa. »Ich glaube, wir meinen gar nicht dasselbe, wenn wir ein Wort sagen. Wenn ich zum Beispiel *Baum* sage, dann denke ich immer an einen mit vielen Blättern, die im Herbst rot und gelb werden, wie unsere Kletterkastanie. Aber Herr Purzelbaum, der kommt irgendwoher, wo es nur Bäume mit Nadeln gibt, und wenn er *Baum* sagt, dann denkt er an eine Tanne oder Kiefer. In jedem Wort sind Tausende von Möglichkeiten drin.«

Krümel sah Hopsa mit offenem Mund an. Wenn Hopsa recht hatte – und er hatte bestimmt recht – dann war Sprache noch viel wunderbarer, als er immer dachte. Dann war Sprache zwar auch verwirrend, weil man sich so leicht missverstehen konnte, aber zugleich riesig, größer als sein Zimmer, größer als ein Haus, größer als der ganze Dreiwünschewald. Wir sind klein, dachte Krümel, aber mit Hilfe von Wörtern hat die ganze Welt in uns Platz!

7. Kapitel

Wie Krümel feststellt, dass in dem seltsamen Gegenstand etwas noch Seltsameres verborgen ist

Und wieder zeigte das Meer ein anderes Gesicht. Heute sah es geradezu furchterregend aus, grau und schwarz und lila, und auch der Himmel war die meiste Zeit dunkel, obwohl es nicht regnete und von Zeit zu Zeit die Sonne durchbrach. An diesem Tag trug Krümel einen ungewöhnlich gewundenen Ast, eine blaue Feder und einen rostigen Schlüssel, der vielleicht zu einer Schatztruhe passte, in das Versteck. Er hatte den halben Vormittag damit verbracht, den Strand nach Kostbarkeiten abzusuchen, und war mit seiner Ausbeute zufrieden. Sobald er alles verstaut hatte, holte er das geheimnisvolle Pilzding heraus und hielt es hoch, um zu sehen, ob sich irgendetwas verändert hatte. Vielleicht sollte er es mit nach Hause nehmen, um es in Ruhe zu untersuchen. Zu Hause besaß er eine Lupe und ein Mikroskop und ein Lexikon, in dem alle möglichen Sachen abgebildet waren.

Plötzlich stellte Krümel fest, dass sich das Pilzding warm anfühlte und sich bewegte. Und als er sein Ohr daran hielt, hörte er kraspelnde Geräusche, als ob etwas drinnen war und einen Weg nach draußen suchte. Nach einiger Zeit blähten sich die Ausbuchtungen auf, und von der Spitze liefen Sprünge nach allen Seiten. Krümel fürchtete sich ein bisschen, weil er an seinen Traum dachte, und legte das Ding auf den Boden. Aber er lief nicht davon, sondern blieb in sicherer Entfernung stehen und sah zu, wie Stück um Stück von der Außenhaut abplatzte. Ein Ei! Das Ding musste eine Art Ei sein! Was für ein Tier mochte wohl aus so einem seltsamen Ei kommen?

Die Spitze bröckelte, und ein winziger Rüssel wurde sichtbar. Noch mehr von der Schale platzte ab, das Pilzding zerbrach in zwei Hälften, und zum Vorschein kam ein Elefant mit Flügeln, kaum größer als ein Apfel. Seine Haut war dunkelblau und ganz verklebt, seine Augen blinzelten, und dann stieß er ein herzzerreißendes Trompeten aus. Krümel kniete zu ihm nieder. Der Elefant spürte die Wärme und reckte ihm seinen Rüssel entgegen. Krümel schloss ihn sofort ins Herz. »Warte, ich helfe dir!«, sagte er, nahm das kleine Tier vorsichtig in seine Pfoten und lief mit ihm nach draußen, zum Meer, um ihm die Reste des Eies abzuwaschen. Der Elefant protestierte mit weiteren Trompetenstößen, denn das Wasser war kalt, aber anschließend konnte er viel besser sehen und folgte jeder von Krümels Bewegungen mit den Augen.

Krümel war aufgeregt. Er musste den Elefanten unbedingt Hopsa zeigen. Das war etwas, worüber sie lange reden würden. Ein Geheimnis, das sie teilen würden, nur sie beide.

Wie es der Zufall wollte, kam Hopsa gerade den Strand entlang, auf der Suche nach Sachen, die das Wasser angespült hatte. Krümel winkte ihm zu. »Sieh mal«, rief er, kaum, dass Hopsa auf Hörweite heran war, »das Pilzding war ein Ei!« Mit unverhohlenem Stolz sah er zu, wie Hopsa den Elefanten bestaunte. Das kleine Tier wusste nicht recht, was es von dem Neuankömmling halten sollte, und kuschelte sich scheu in Krümels Pfote.

»Was ist das?«

»Ein Elefant.«

»Aber mit Flügeln? Und so klein?«

»Na ja, ich weiß auch nicht. Vielleicht ein … ein Rüsselfalter?«

»Er braucht einen Namen«, sagte Hopsa.

Sie dachten angestrengt nach.

»Rüsselchen«, schlug Krümel vor.

»Bläuling.«

»Blauschnäuzchen.«

»Flatterlein.«

Der Elefant trompetete, warf den Kopf hin und her, sodass seine Ohren schlackerten, und sagte etwas, das sich wie *Nee nee* anhörte. Ein bisschen durch die Nase, aber trotzdem zu verstehen.

Krümel und Hopsa sahen erst sich an, dann den Elefanten.

»Hast du eben gesprochen?«, fragte Krümel.

»Nee nee.«

»Du hast gesprochen! Du verstehst, was wir sagen!«

»Nee nee.«

»Nennen wir ihn doch einfach Neenee«, sagte Hopsa.

Krümel fand, das war eine gute Idee. »Von jetzt an heißt du Neenee.«

»Neenee?« Das kleine Tier sah ihn mit gerunzelter Stirn an, dann stieß es einen plötzlichen Trompetenstoß aus und riss das Mäulchen sperrangelweit auf.

»Er lacht«, sagte Hopsa.

Der Elefant bewegte seine Flügel auf und ab und machte dabei ein sirrendes Geräusch.

»Ob Neenee fliegen kann?«

»Bestimmt, wenn er größer ist.«

Ohne Vorwarnung brüllte Neenee plötzlich los, und dicke Tränen kullerten seine Augen hinunter. Mit der Zunge leckte er sich fortwährend über die Lippen.

»Er hat Hunger«, riet Hopsa.

»Wir müssen irgendwo Milch auftreiben.«

»Ich hab' noch ein bisschen von heute Morgen übrig.«

Eilig liefen sie zu Hopsas Erdhöhle. Neenees Geschrei wurde immer lauter. Hopsa kroch in seine Wohnung und kam mit einem Schälchen wieder heraus. Neenee hörte zu schreien auf und schnupperte, dann tauchte er seinen Rüssel in die Milch und saugte die Schale im Nu leer.

Nach der Mahlzeit spielten Krümel und Hopsa mit Neenee und rollten ihm Kiesel zu, die er mit seinem Rüssel zurückschob. Immer, wenn er es besonders gut gemacht hatte, trompetete er stolz.

»Er kann nicht allein in der Höhle bleiben«, sagte Krümel schließlich. »Ich nehme ihn mit nach Hause.«

»Was wird deine Mama sagen?«

»Ich zeige ihr Neenee später. Morgen vielleicht.« Krümel nahm den kleinen Elefanten vorsichtig in seine Pfoten. »Oder übermorgen.«

Er verabschiedete sich und ging heim. Zu Hause angelangt, spähte er erst einmal durchs Fenster. Niemand zu sehen. »Du musst leise sein«, flüsterte er Neenee zu, »damit uns niemand hört.«

»Nee nee«, sagte Neenee, aber er machte sich doch ganz klein in Krümels Pfote.

Krümel öffnete die Tür, schlüpfte ins Haus und huschte die Treppe hinauf in sein Zimmer, ehe ihn jemand bemerken konnte. Behutsam setzte er den Elefanten auf dem Nachttisch ab. »Wir müssen dir ein Nest bauen.«

Neenee stakste von einem Ende des Nachttisches zum anderen, um seine neue Umgebung zu begutachten. Zuerst war er noch ein bisschen ängstlich, versteckte sich hinter der Lampe und schnupperte misstrauisch an einem Bilderbuch. Aber nach einer Weile wurde er mutiger und stupste die Muscheln an, die auf dem Nachttisch ausgebreitet waren, jede einzelne.

Krümel sah sich im Zimmer um. Wo sollte Neenee schlafen? Unter dem Schrank? Besser nicht, wer konnte schon sagen, was da nachts alles herumkroch. Auf dem Fensterbrett? Da würde ihn seine Mama entdecken, wenn sie morgen kam und die Vorhänge aufzog. Und im Blumentopf steckte ein Kaktus, der würde Neenee pieken.

Plötzlich hatte Krümel eine Idee. Er rannte ins Bad und holte seinen Zahnputzbecher. Den füllte er mit Watte und stellte ihn auf den Nachttisch. »Dein Bett«, sagte Krümel. Zum Zähneputzen konnte er ja von jetzt an ein Wasserglas nehmen.

Neenee betastete den Becher mit seinem Rüssel. Sobald er die Watte ein paarmal angestupst und festgestellt hatte, wie weich sie war, ließ er es sich gefallen, hineingesetzt zu werden. Seine Flügel vibrierten wieder, und er trompetete vor Freude, und dann wühlte er sich so tief in die Watte hinein, dass er nicht mehr zu sehen war. Nur die Spitze seines Schwänzchens schaute noch heraus.

Krümel war überaus zufrieden. Neenee gähnte bereits. Sicher war es anstrengend gewesen, sich ganz allein aus dem Ei zu befreien.

Krümelmama guckte zur Tür herein. »Das Abendessen steht auf dem Tisch.«

»Ich, äh ... ich komme gleich«, sagte Krümel und stellte sich so, dass er den Nachttisch verdeckte.

»Nee nee«, erklang es vom Zahnputzbecher her.

»Was war denn das?«

»Ich hab' nur gehustet.«

Der blaue Elefant stieß sich vom Nachttisch ab, surrte unbeholfen, aber zielstrebig in Spiralen durch die Luft, und ließ sich auf Krümels Schulter nieder.

»Aha.« Krümelmama schmunzelte. »Dann pass mal gut auf, dass dein Husten keine Unordnung anstellt«, sagte sie, gab ihm einen Nasenstüber und ging hinaus.

Krümel war ein bisschen verlegen, aber er strahlte auch. »Du darfst hierbleiben«, sagte er zu dem Elefanten, der den Rüssel an seiner Wange rieb. »Mama hat nicht geschimpft.«

»Nee nee«, sagte Neenee.

»Und fliegen kannst du auch!«

Den Rest des Abends spielte Krümel mit dem Elefanten in seinem Zimmer. Als es Zeit zum Schlafengehen war, rückte er den Zahnputzbecher so, dass Neenee die Gutenachtgeschichte mitanhören konnte, die seine Mama ihm vorlas. Und nachdem sie gegangen war, schlief der kleine Elefant bereits friedlich in seinem Nest.

Krümel wollte schon das Licht ausmachen, als er sich daran erinnerte, was Hopsa neulich über Träume gesagt hatte. Schnell schaute er unter seinem Kopfkissen nach, doch da lag kein Traum. Er befühlte sogar das Kissen selbst, aber es waren nur Federn drin.

Grübelnd knipste er das Licht aus und legte sich wieder hin. Wo kamen nur die Träume her? Wer brachte sie in seinen Kopf? Vielleicht der Mond. Vielleicht bestanden Träume aus Mondlicht, und der Mond machte, dass sie kamen und gingen. Aber er träumte auch, wenn gar kein Mond am Himmel zu sehen war, also war es wohl doch nicht der Mond. Und was war mit Gedanken? Wie kamen neue Gedanken in seinen Kopf rein, solche, die er vorher noch nie gedacht hatte? Das Leben war ganz schön kompliziert. Krümel gähnte.

Und die Welt draußen? Was war mit der? Gab es die auch noch, wenn er schlief? Oder wurde sie erst morgens wieder aufgebaut, kurz bevor er wach wurde? Und was war, wenn er wegguckte? Existierte sein Kleiderschrank, wenn er nicht hinsah?

Vielleicht konnte er die Welt dabei erwischen, wie sie verschwand und wieder auftauchte, wenn er nur schnell genug war. Er machte die Augen zu und tat, als schliefe er. Dann riss er seine Lider plötzlich wieder auf. Doch der Kleiderschrank stand immer noch da, wo er die ganze Zeit gestanden hatte, und machte nicht den Eindruck, als sei er in der Zwischenzeit bewegt worden.

Krümel gähnte noch einmal. Man müsste jemanden finden, der aufpasste, während man wegsah. Der einem sagte, ob die Welt da draußen ...

Mitten im Gedanken schlief Krümel ein.

8. Kapitel

Wie Krümel eine Nachtwanderung macht

Gegen Mitternacht wachte Krümel auf. Das war ungewöhnlich, denn normalerweise schlief er durch bis zum nächsten Morgen, wenn die Vögel zwitscherten. Jetzt aber war es dunkel und still. Das heißt ... nicht ganz still. Holz knarrte, in der Wand kraspelte etwas, und in der Ferne rief eine Eule. Richtig dunkel war es auch nicht, denn der Mond schien durchs Fenster herein und tauchte alles in ein gespenstisches Licht.

Vorsichtig hob Krümel den Kopf und spähte über den Rand der Bettdecke. Das Zimmer war voll unheimlicher Schatten. Ihm fiel wieder ein, was er sich gefragt hatte, ehe er eingeschlafen war, nämlich ob die Welt nachts verschwand, wenn man nicht hinsah. Aber der Kleiderschrank stand an seinem Fleck, auch der Stuhl und der Tisch und seine Eisenbahn und sein Stoffhase. Nur schienen sie ... anders. Verwandelt. Beinahe, als ob sie lebendig wären und ihn beobachteten. Krümel schob sich ein Stück tiefer unter die Bettdecke.

Vielleicht gab es Dinge in diesen Schatten. Wesen. Vielleicht sogar Schnatzelschnapfe. Krümel glitt noch ein Stück tiefer.

Warum waren seine Gedanken bloß so furchtbar laut? Bestimmt konnte jedes Gespenst, jedes Monster, jeder Schatten hören, wie er gruselige Gedanken dachte. Er versuchte, leiser zu denken, aber das war schwierig in der Nacht, wo die meisten Geräusche schliefen. Oder so taten als ob.

Krümel lauschte, ob sich etwas Gefährliches näherte. Es schien nicht so, also schob er sich ein Stück höher, so weit, dass er mit einem Auge nach draußen gucken konnte. Alles blieb ruhig. Ob die Welt außerhalb seines Zimmers noch da war? Unverändert? Krümel hätte es gern gewusst. Eine nächtliche Wanderung durch das Haus wäre gewiss ein Abenteuer. Aber eins mit Angst, und er fürchtete sich davor, den Schutz der Decke zu verlassen. Wusste man denn, wer unter dem Bett lag und darauf lauerte, dass man unvorsichtigerweise die nackten Pfoten in seine Griffweite brachte? Vielleicht fühlten sich Schnatzelschnapfe unter dem Bett am wohlsten. So lange er liegen blieb, konnte wenigstens niemand unbemerkt in seinen Rücken gelangen.

Andererseits ... andererseits wusste er genau, dass dieses Abenteuer hinterher, wenn er alles überstanden hatte, zu seinen schönsten gehören würde. Morgen, wenn die Sonne mit der Macht ihrer Strahlen jeden dunklen Schatten aus dem Zimmer trieb, würde er stolz auf sein nächtliches Abenteuer sein. Aber das war morgen, und jetzt war jetzt.

Vielleicht ... vielleicht musste er sich nur vorstellen, er wäre bereits der Krümel von morgen. Der Krümel, der über jetzt dachte, als wäre es gestern gewesen. Als würde er Hopsa von seinem Abenteuer erzählen.

Weißt du, Hopsa, gestern bin ich mitten in der Nacht wach geworden, dachte Krümel. Erst hatte ich ein bisschen Angst, aber dann habe ich einfach die Bettdecke beiseite geschlagen.

Krümel schlug die Decke beiseite.

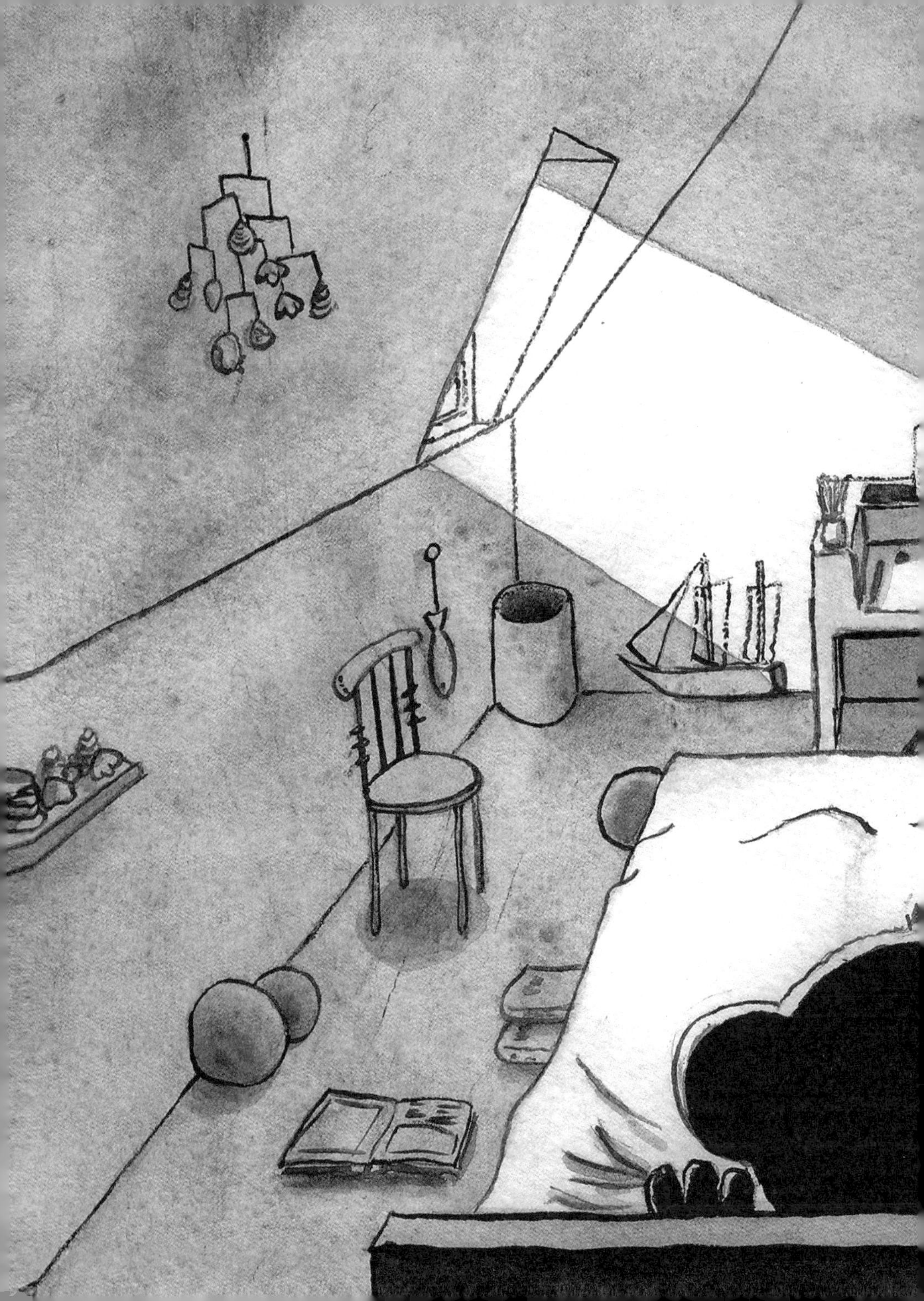

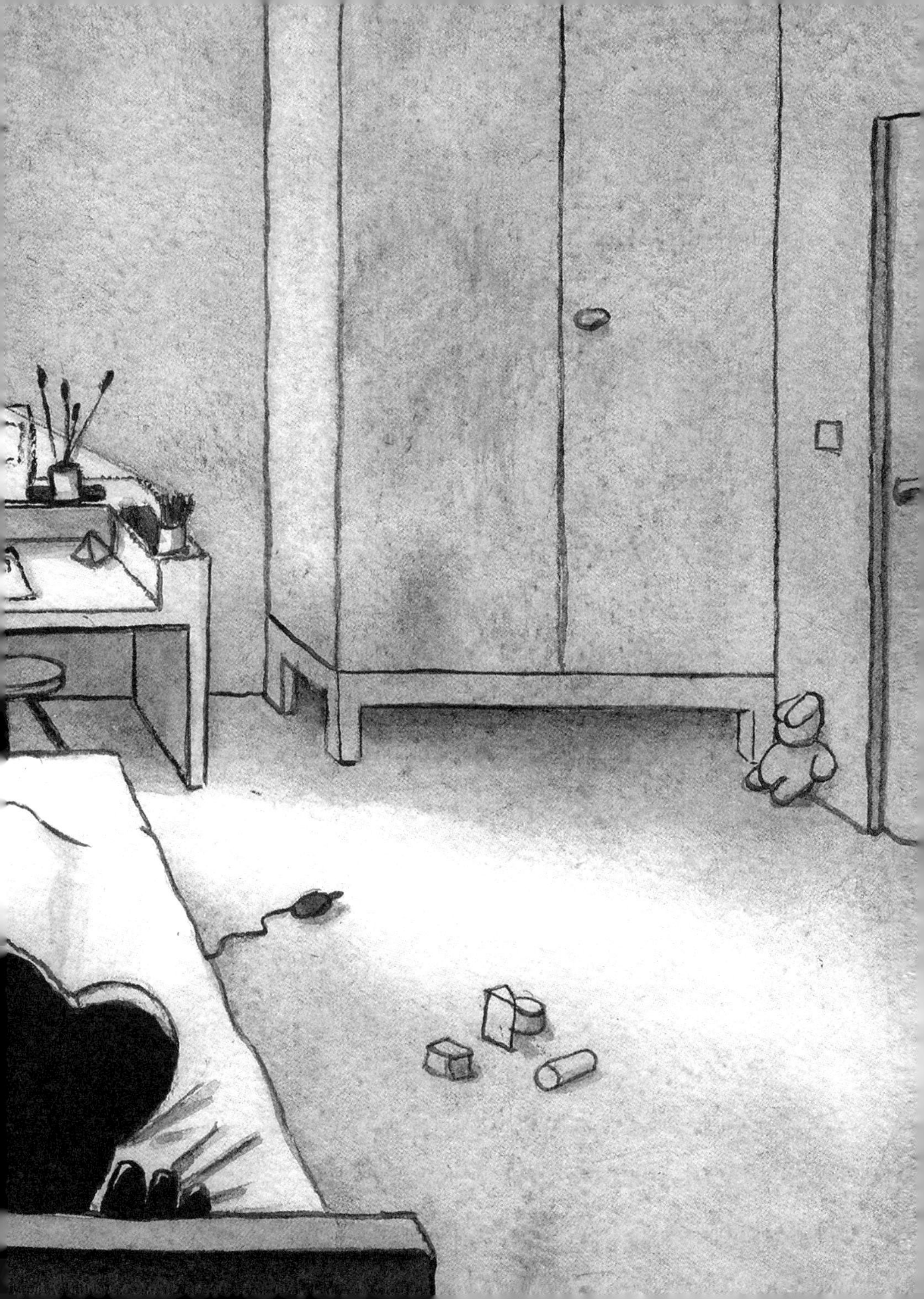

Das Kraspeln und Knarren war noch da, und er selbst atmete hastiger, aber sonst blieb alles unverändert. Kein Schnatzelschnapf stürzte sich auf ihn. Und dann bin ich einfach aufgestanden, dachte Krümel, ganz einfach so.

Er stand auf.

Niemand griff nach seinen Pfoten. Krümel war stolz darauf, dass er es gewagt hatte, die Sicherheit des Bettes zu verlassen. Er schlüpfte in seine Pantoffeln und fühlte sich noch ein bisschen besser, jetzt, wo seine Pfoten geschützt waren. Das war gar nicht schwer gewesen.

Die Schatten im Zimmer lauerten überall. Sie hingen unter der Decke wie Spinnweben, sie verbargen sich unter dem Kleiderschrank, sie hielten alle Dinge umschlungen, Buntstifte, Eisenbahn, Bilderbücher. Sogar auf der Unterseite der Blätter seines Efeus fanden sie noch Platz, um sich zu verkriechen. Und dabei gaben sie vor zu schlafen, aber Krümel wusste, dass sie in Wirklichkeit hellwach waren und nur darauf warteten, dass er einen Fehler machte.

Alles war anders als am Tage. Am Tage war sein Zimmer ein vertrauter Ort, ein Freund. In der Nacht wurde es zu etwas Fremdem. Nachts galten andere Regeln, und andere Geschöpfe beherrschten das Zimmer. Manche der Schatten sahen aus, als ob sich in ihnen etwas regte. Etwas, das zu schnell war, um gesehen zu werden. Etwas, das ihn beobachtete und seine lauten Gedanken hören konnte. Etwas, das fühlen würde, wenn er Angst hatte, und ihn von hinten anspringen würde, sobald er ihm den Rücken zuwandte.

Krümel fror. Er stellte sich vor, wie er morgen im Sonnenschein mit Hopsa auf der Brücke saß. Und dann, dachte er, habe ich einfach das Licht angeknipst.

Er huschte zur Tür, so schnell er konnte, und drückte auf den Lichtschalter.

Hastig zogen sich die Schatten tiefer in die Gegenstände zurück, als fürchteten sie sich vor dem Licht. Bestimmt war es so; Schatten hatten Angst vor Lampen und Laternen. Mit einem Mal war sein Zimmer nicht mehr gar so fremd. Nur ein bisschen noch. So wie Tante Ziep und Onkel Giggel, wenn sie zu Besuch kamen, nachdem er sie ein paar Monate nicht gesehen hatte.

Mutiger geworden machte er die Tür auf und sah um die Ecke. Draußen, außerhalb seines Zimmers war wieder alles fremd. Draußen regierten immer noch die Schatten. Zögernd machte Krümel einen Schritt in den Flur. Dann noch einen. Das Kribbeln in seinem Rücken wurde stärker, aber er wollte jetzt wissen, ob auch der Rest des Hauses da war, wenn alle schliefen. Er lauschte. Im Schuhschrank knackte es. Vor dem Fenster rauschte ein Windstoß in den Bäumen. Er hielt die Luft an und rannte über den Flur, die Treppe hinunter ins Wohnzimmer, wo er sich in eine Ecke stellte, den Rücken an der Wand, den ganzen Raum im Blick.

Auch das Wohnzimmer war ein anderes geworden. Gewaltig, unheimlich, wie ein riesengroßes Tier. Nicht mehr freundlich wie am Tag, sondern lauernd. Etwas knarrte. Krümel zuckte zusammen. Onkel Giggel hatte einmal einen Polstergeist gesehen, der in den Kissen eines Sofas lebte. Aber Onkel Giggel flunkerte immerzu, also hatte er sich die Geschichte vielleicht bloß ausgedacht. Trotzdem, nur um sicherzugehen, schlich Krümel zum Sofa und hob Kissen und Polster an. Niemand da. Erleichtert legte er alles wieder an seinen Platz.

Die Uhr auf dem Schrank tickte. Am Tag war sie immer schüchtern, tickte nur ganz leise, aber jetzt, in der Nacht, wo keiner da war, schien sie plötzlich draufgängerisch geworden zu sein und prahlte mit ihrem Ticken, als riefe sie den Möbeln zu: Ich messe die Zeit, und ihr anderen alle, ihr müsst mir gehorchen. Krümel mochte die Uhr nicht, wenn sie so angeberisch war. Er warf ihr einen strengen Blick zu, als er am Schrank vorbei zum Fenster ging.

Eine Eule saß auf dem Fensterbrett und glotzte ihn an. Sie schien ebenso erschrocken über sein Auftauchen wie er über ihre Anwesenheit. Mit einem lauten »Schuhu!« flatterte sie davon. Krümel riskierte einen Blick durch die Fensterscheibe.

Auch der Wald draußen hatte sich verändert. Auch dort herrschten jetzt die Schatten. Aber alles war unzweifelhaft noch da, die Schaukel, die Blumen, die Bäume. Die Dinge waren nicht verschwunden, wie er befürchtet hatte, und es nahm auch keine andere Welt die Stelle der Welt ein, die er kannte. Es war eher so, als hätte sich die Welt ein dunkles Tuch übergeworfen, eine Bettdecke aus Schatten. Sie hatte sich verkleidet, wie er beim letzten Fasching.

Krümel war so erleichtert, dass er einen Seufzer ausstieß, obwohl er damit jedem Monster verriet, wo er war. Aber er glaubte nicht mehr, dass sich etwas Gefährliches im Haus eingenistet hatte.

Gerade, als er wieder in sein Bett zurückkehren wollte, hörte er ein Poltern. Erschrocken blieb er stehen, hielt den Atem an. Es kam aus der Rumpelkammer. Krümel schlich näher an die Tür und lauschte. Ja, in der Rumpelkammer rumpelte es. War das normal? Hieß die Rumpelkammer deshalb so, weil das der Ort war, wo Gespenster nachts ihr Unwesen trieben? Wieder rumpelte es, und dann quietschte etwas erschrocken. Krümel war sicher, dass es sich um ein Gespenst handelte. Er fürchtete sich davor, die Tür aufzumachen, aber er fürchtete sich beinahe noch mehr davor, in sein Bett zurückzukehren, ohne zu wissen, was sich in der Rumpelkammer versteckte. Er ballte seine Pfoten, bis sein Bauch sich nicht mehr so schrecklich leer anfühlte, und dann riss er mit einer Pfote die Tür auf, während er mit der anderen den Lichtschalter betätigte.

Auf dem Stapel Kartons, in denen Krümelmama den Weihnachtsschmuck aufbewahrte, saß Neenee, halb in endlose Lagen von Lametta vergraben, und spielte mit einer Christbaumkugel. Er trompetete erschrocken, als das Licht plötzlich anging, und machte einen Satz in die Luft.

Krümel stieß erleichtert den angehaltenen Atem aus. Er nahm den kleinen Elefanten in die Pfoten und kraulte ihn hinter den Ohren. »Du hast wohl auch eine Nachtwanderung gemacht«, sagte er.

Neenee fasste mit dem Rüssel nach ihm.

»Wolltest du wissen, ob die Welt noch da ist? Guck – alles in Ordnung.« Krümel knipste das Licht auf dem Flur und im Bad und in der Küche an, und dann knipste er alle Lichter wieder aus und machte die Tür der Rumpelkammer zu. »Und jetzt ist Schlafenszeit.«

Er ging in sein Zimmer zurück und setzte den Elefanten im Zahnputzbecher ab. Als Neenee gähnte und sich in die Watte kuschelte, merkte Krümel erst, wie müde er war. Er zog seine Pantoffeln aus und kroch unter die Decke. Was für ein Abenteuer!, dachte er. Wenn ich das Hopsa erzähle! Wenn der Krümel von morgen erzählte, wie mutig der Krümel von heute gewesen war! Und das Beste war, dass er jetzt ganz sicher wusste, dass die Welt weiterhin da war, wenn er schlief, nur dass sie ebenfalls schlief und eine Decke aus Schatten trug, aber das machte nichts, so lange sie nur da war.

9. Kapitel

Wie Krümel zu einer Expedition aufbricht

Die Welt hatte sich auf geradezu magische Weise verändert. Da, wo eben noch alles von sattem Grün überflutet gewesen war, leuchtete es nun rot, gelb, orange und braun. Überall huschten Tiere umher, emsig damit beschäftigt, sich einen Nahrungsvorrat für den Winter anzulegen. Die Luft war kühl und klar, und wenn man über das Meer blickte, das in der Sonne funkelte und wie Millionen Sterne glitzerte, konnte man so weit sehen wie nie zuvor. Es roch würzig, nach Erde. Der Wald lud einen geradezu ein, das Abenteuer zu suchen.

Krümel verspürte wieder das bekannte Kribbeln im Bauch und konnte kaum still sitzen. Heute wollte er eine Expedition machen. In einem Buch, das ihm seine Mama vorgelesen hatte, war von Leuten die Rede gewesen, die das Unbekannte erforschten und in Gegenden reisten, wo noch niemand gewesen war. Genau das wollte er auch tun. »Wir machen eine Expedition«, erklärte er Neenee.

»Nee nee«, erwiderte der Elefant und flatterte auf seine Schulter.

Krümel ging in die Küche und packte sich ein Marmeladenbrot, Orangensaft und einen Apfel ein. Für Neenee nahm er Milch mit. Das alles tat er in seinen Rucksack, dazu noch eine Taschenlampe, einen Strick und einen leeren Schuhkarton. Und natürlich ein Heft und einen Bleistift, denn jeder gute Forscher machte sich Notizen über seine Entdeckungen. Und ein Pflaster, für alle Fälle. So ausgerüstet trat er aus der Tür.

Draußen schienen die Herbstfarben noch leuchtender. Jeder Baum sah aus, als hätte er sich ein Festtagskleid übergestreift. Auch der Geruch war stärker: feucht-modrig, aber nicht unangenehm. So roch das Abenteuer!

»Es geht los«, sagte Krümel zu Neenee, der aufgeregt auf seiner Schulter zappelte und seinen Rüssel schwenkte. In einem fort drehte der kleine Elefant seinen Kopf hierhin und dorthin und trompetete, wann immer er etwas entdeckte, das ihm neu war.

Es gab zwei Wege tiefer in den Dreiwünschewald hinein. Der linke brachte einen zu Onkel Giggel und Tante Ziep; den war Krümel schon ein paarmal gegangen. Der andere führte geradewegs in den dunkelsten Teil des Waldes, und da war er noch nie gewesen. An dem lackierten Zaun, hinter dem Herr Purzelbaum brummelnd fünf oder sechs herabgefallene Blätter von seinen Beeten harkte, begann dieser Weg.

Krümel blieb stehen, um den Augenblick zu würdigen. Das Haus von Herrn Purzelbaum war das letzte auf der Lichtung, dahinter begann das Unbekannte. Krümel drehte sich noch einmal um und blickte zurück. Sein Zuhause, die Buche mit der Schaukel, die Brücke am Bach – alles schien plötzlich kleiner als sonst. Ein letztes Mal atmete er tief ein. Dann setzte er seine Pfote bedachtsam über die unsichtbare Grenze, und schon war er draußen in der weiten Welt.

Jeder Schritt brachte eine neue Entdeckung. Unbekannte Pilze wuchsen im Moos, Käfer, die er noch nie gesehen hatte, rannten davon, um sich vor ihm in Sicherheit zu bringen. Ein Nasenwurf schleppte körbeweise Tannenzapfen in seinen Bau, um an langen Winterabenden etwas zum Basteln zu haben.

Krümel pfiff ein Wanderlied, obwohl er längst nicht so gut pfeifen konnte wie Onkel Giggel. Neenee versuchte ein paarmal, es ihm nachzumachen, aber es wurde doch immer nur ein Trompeten daraus, worüber sie beide lachen mussten. Von Zeit zu Zeit hob Krümel ein besonders schönes Blatt auf und tat es in den Schuhkarton. Seine Laubsammlung würde diesmal umfangreicher werden als letztes Jahr. Tante Ziep hatte versprochen, ihm zu zeigen, wie man ein Laubalbum herstellte.

Schon bald bekam Krümel Hunger, und so beschloss er, eine Rast einzulegen. Er setzte sich ins Moos und biss in seinen Apfel. Neenee verschmähte die Milch, die Krümel ihm in die Mulde eines Steins schüttete, und surrte so lange um seine Nase, bis er etwas vom Apfel abbekam. Laut schmatzend flatterte er von einer Blume zur anderen und roch daran.

Während Krümel aß, betrachtete er den Wald. Wie anders alles aussah! Im Frühjahr waren überall Knospen an den Zweigen hervorgebrochen. Im Sommer hatten die Bäume ein überwältigendes grünes Kleid getragen. Und jetzt waren sie bunt wie ein Tuschkasten. Die Zeit veränderte alles. Sie machte aus Samenkörnern Bäume und aus kahlen Böden Blütenteppiche. Sie machte grüne Blätter rot und glatte Gesichter runzlig. Und trotzdem war sie unsichtbar und hatte keine Pfoten.

Krümel war nicht sicher, ob er sich vor jemandem fürchten sollte, der eine solche Macht besaß. War die Zeit gut? War sie böse? Das kam vermutlich darauf an, wie man ihr begegnete. Für jemanden, der nie groß werden und sich nie verändern wollte, war die Zeit ein Feind, denn sie kümmerte sich nicht um solche Wünsche. Aber Krümel wollte groß werden. Er wollte all die Dinge können, die seine Mama und sein Papa konnten. Er wollte das Unbekannte erforschen und Geheimnisse lösen und herausfinden, was ein Schnatzelschnapf war, und alles sehen, was es nur zu sehen gab. Und dabei half ihm die Zeit. Krümel wünschte, er könnte die Zeit in sein Heft malen, aber weil sie ja unsichtbar war, wusste niemand, wie sie aussah.

Auf dem Boden lag ein herabgefallenes Blatt. Krümel hob es auf und untersuchte es. Es bestand aus fünf Teilen, wie die Finger einer Hand. Eine Rippe lief mitten durch jeden Finger, von unten bis oben. Viele kleine Rippen zweigten davon ab, den Adern von Tieren ähnlich, die er einmal in einem Buch gesehen hatte. Er zückte sein Expeditionsheft und malte das Blatt ab. Ein Blatt zu malen war schwierig, beinahe noch schwieriger als einen ganzen Baum. Krümel brauchte lange, bis er mit dem Ergebnis zufrieden war.

Neenee umkreiste ihn und bewegte seine Flügel so schnell auf und ab, dass er beinahe reglos in der Luft stand und ihm über die Schulter blicken konnte.

Krümel hielt ihm das Heft hin. »Was meinst du?«

»Nee nee«, sagte der Elefant und schoss davon.

Krümel verstaute das Heft im Rucksack und machte sich daran, Kastanien aufzulesen, die am Boden lagen. Tante Ziep hatte ihm gezeigt, wie man Zwerge und Erdmunze daraus basteln konnte. Ein lilafarbener Zapfen erregte seine Aufmerksamkeit. So einen hatte er noch nie gesehen, glatt und gemasert und wie eine Blume geformt. Vielleicht war das ein Schnatzelschnapf?

Krümel kratzte sich am Kopf. Seit vielen Monaten rätselten Hopsa und er nun schon darüber, was das Wort bedeutete, und waren immer noch nicht hinter das Geheimnis gekommen. Vielleicht bedeutete es überhaupt nichts. Aber das konnte nicht sein, schließlich gab es das Wort ja, und ein Wort, das es gab, musste auch etwas bedeuten. Alles, was einen Namen hatte, musste existieren, oder etwa nicht? Obwohl man natürlich auch *Loch* sagen konnte, und ein Loch gab es, streng genommen, nicht, denn ein Loch war etwas, das nicht da war.

Ihm fiel ein, dass er nicht einmal wusste, ob Schnatzelschnapf ein Ding bezeichnete oder etwas anderes. Komplizierte Dingwörter hörten doch eigentlich anders auf. Mit -on wie Information. Oder mit -um wie Aquarium. Vielleicht war es gar kein Ding, sondern etwas, das jemand tat. Vielleicht gab es irgendwo eine Holunderhörnchenfamilie, in der der Papa sagte: »Ich gehe mal schnell schnatzelschnapfen, bin gleich wieder da.« Und die Mama ermahnte die Kinder: »Dass ihr mir nicht wieder schnatzelschnapft!« Oder das Wort half einem, seltsame Gegenstände wie Neenees Ei zu beschreiben, und man konnte zum Beispiel sagen: »Es hat eine schnatzelschnapfige Farbe.« oder: »Es sieht ziemlich schnatzelschnapftümlich aus.« Wenn er so darüber nachdachte, glaubte er doch eher, dass es ein Ding war. Wahrscheinlich gab es auch komplizierte Dingwörter, die mit -apf endeten.

Krümel suchte seine Siebensachen zusammen und wollte weiter. »Neenee!«, rief er. Der kleine Elefant war nirgends zu sehen. »Neenee?« Ein Kichern erklang in seiner Nähe, und dann entdeckte er einen Rüssel und ein Auge, das ihn unter einem Farn hervor anblickte. »Du willst wohl Verstecken spielen?«, fragte Krümel.

»Nee nee«, rief der Elefant, schwang sich in die Luft und verschwand aus seinem Blickfeld.

Einige Zeit später erreichte Krümel eine Stelle mit lauter Blaubeersträuchern. Er blieb stehen, pflückte einige Früchte und schob sie sich in den Mund. Mhm, süß! Er legte seinen Rucksack ab und sammelte mehr Beeren. Eine aß er, die andere tat er zu den Blättern in den Schuhkarton, immer abwechselnd. Vielleicht würde seine Mama eine Blaubeertorte machen, wenn er sie darum bat.

Er griff nach einer weiteren Beere, die plötzlich lebendig wurde und kicherte. Erschrocken ließ Krümel los und fiel auf seinen Po. Das Kichern wurde lauter, und da erkannte Krümel seinen Elefanten. »Beinahe hätte ich dich gepflückt«, grinste er.

Neenee trompetete und ließ sich auf Krümels Schulter nieder. Krümel machte sich wieder auf den Weg. Nach einer halben Stunde kamen sie an einen umgestürzten Baum. Krümel holte sein Heft hervor. »Eine wichtige Entdeckung«, sagte er zu Neenee. »Das muss ins Expeditionsbuch eingetragen werden.« Er kaute auf seinem Bleistift und prägte sich dabei die Form des Baumes ein. Dann malte er die Umrisse in das Heft und vergaß auch nicht den halb abgebrochenen Ast, der an einer Stelle emporragte.

Er spürte eine Erschütterung in seinen Pfoten und legte das Ohr aufs Moos. Dicht am Boden war der Waldgeruch intensiver. Er

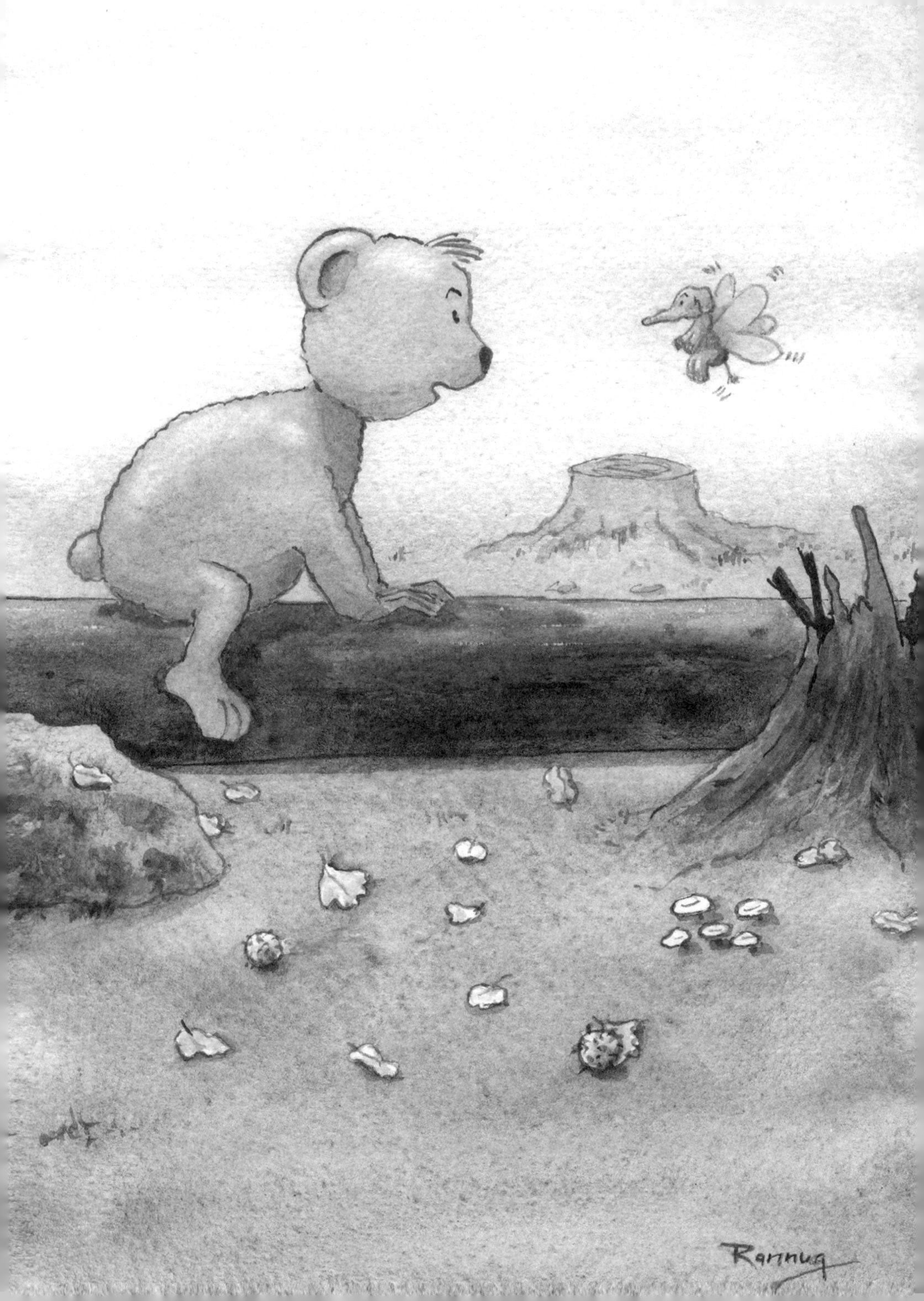

lauschte. Wenn er sich anstrengte, konnte er die Erdmunze arbeiten hören. Gedämpftes Rascheln und Scharren verriet ihm, dass sie unermüdlich nach Elfentränen gruben. Krümel malte aus dem Gedächtnis einen Erdmunz in sein Heft. Es gelang ihm ganz gut, obwohl die Nase vielleicht ein bisschen groß geraten war. Befriedigt legte er Heft und Stift beiseite.

Dann untersuchte er das faulige Holz des umgestürzten Baumes. Asseln und Borkenkäfer krochen darin umher. Überall wuchsen Pilze, unter, neben, auf der Borke, die anfing zu zerbröseln. Das war wieder das Werk der Zeit. Die Zeit machte aus einem umgestürzten Baum Erde. Und aus Erde wieder einen neuen Baum.

Ein Stück weiter befand sich ein Baumstumpf. Krümel betrachtete die Maserung. Sein Papa hatte ihm vom Gedächtnis der Bäume erzählt. Sie erinnerten sich an alles. Sie speicherten die Jahre in den ineinander liegenden Ringen im Holz.

»Sieh nur, Neenee«, sagte Krümel, »der Baum hat die Zeit festgehalten. Dieser Ring hier, da bin ich geboren.« Er fuhr den Ring mit seiner Pfote nach. Jeder Ring war anders, der eine breiter, der andere schmaler, das hatte bestimmt etwas zu bedeuten. Er musste seine Mama oder seinen Papa fragen, wenn er nach Hause kam. Krümel malte den Ring ab, so genau er konnte. Jetzt hatte er es doch geschafft, die Zeit in sein Heft zu bannen! Er hatte sie überlistet. Von nun an konnte er das Jahr, in dem er auf die Welt gekommen war, für immer hier drin aufbewahren.

10. Kapitel

Wie Krümel Schneeflocke und ihre Familie trifft

Die Expedition war ein voller Erfolg. Den Rucksack gefüllt mit Laub für seine Sammlung, Blaubeeren für einen Kuchen und einem Zapfen, der möglicherweise ein Schnatzelschnapf war, wollte Krümel sich gerade auf den Heimweg machen, als er das Knacken von Ästen hörte. Schnell versteckte er sich im Gebüsch und hielt Neenee den Rüssel zu, damit er sie nicht durch sein Trompeten verriet. Was kam da durchs Unterholz gestampft? Rüpelfanten? Etwas, wovor man sich in Acht nehmen musste, oder etwas, das man erforschen konnte? Vorsichtig spähte Krümel durch die Zweige.

Eine Art Zelt auf Rädern rumpelte zwischen den Bäumen hindurch, angeführt von einem pelzigen Wesen mit Rüssel und spitzen Ohren. Ihm folgten allerlei Gestalten mit Hörnern und Fühlern und langen Schnauzen. Jemand sagte etwas in einer fremden Sprache, woraufhin der Zug zum Stehen kam. Geschäftig eilten die Wesen hin und her, suchten Feuerholz und bildeten einen Steinkreis.

Neenee versteckte sich hinter Krümels linkem Ohr. Anscheinend waren ihm die vielen Leute nicht geheuer. Krümel konnte sich nicht entscheiden, ob die Reisenden harmlos waren oder gefährlich. Er beschloss abzuwarten.

Plötzlich bog jemand die Äste beiseite, und direkt vor ihm wuchsen eine spitze Nase, braune Augen und große Ohren aus dem Boden. Krümel schrie erschrocken auf und fiel hintenüber, und Neenee machte sich ganz klein. Nase und Augen und Ohren wurden zu einem Mädchen, das ihn anstrahlte. »Yäkijä«, sagte sie. Es klang ein bisschen wie Möwengeschrei. »Yoba e rrrogh.«

»Was hast du gesagt?«

Das Mädchen legte die Pfoten vor die Brust und verneigte sich. »Yäkijä.«

»Ach so«, meinte Krümel und klopfte sich den Schmutz aus dem Fell. »Dir auch guten Tag.« Er verbeugte sich ebenfalls, obwohl er sich komisch dabei vorkam.

Die Fremde zog ihn auf die Lichtung zu den anderen Mitgliedern ihrer Familie, die Krümel umringten und drauflos plapperten, ohne dass er auch nur ein Wort verstand. Das Mädchen zeigte auf sich und sagte etwas, das wie *Schneeflocke* klang.

»Hallo, Schneeflocke!« Krümel deutete auf sich. »Krümel.«

»Krymel«, wiederholte Schneeflocke. Dann sagte sie etwas zu ihren Gefährten, und alle lachten. Aber es war kein schlimmes Lachen. Keins, bei dem man sich nackt vorkam und wünschte, man wäre zu Hause unter der Bettdecke. Das hier war ein fröhliches Lachen, das ihn einlud, mitzulachen. Und am Schönsten war es, wie Schneeflocke ihn dabei ansah. Es brachte sein Herz dazu, lauter zu klopfen, und machte irgendwie, dass er sich gut fühlte.

Schneeflocke entdeckte Neenee, der sich endlich traute, hinter Krümels Ohr hervorzukommen. »Rrrazzina!«, rief sie entzückt.

»Das ist Neenee«, stellte Krümel vor.

»Nä-nä.« Sie berührte Neenees Rüssel und streichelte ihn, und dann kraulte sie ihn hinter den Ohren, sodass Neenee behaglich zu

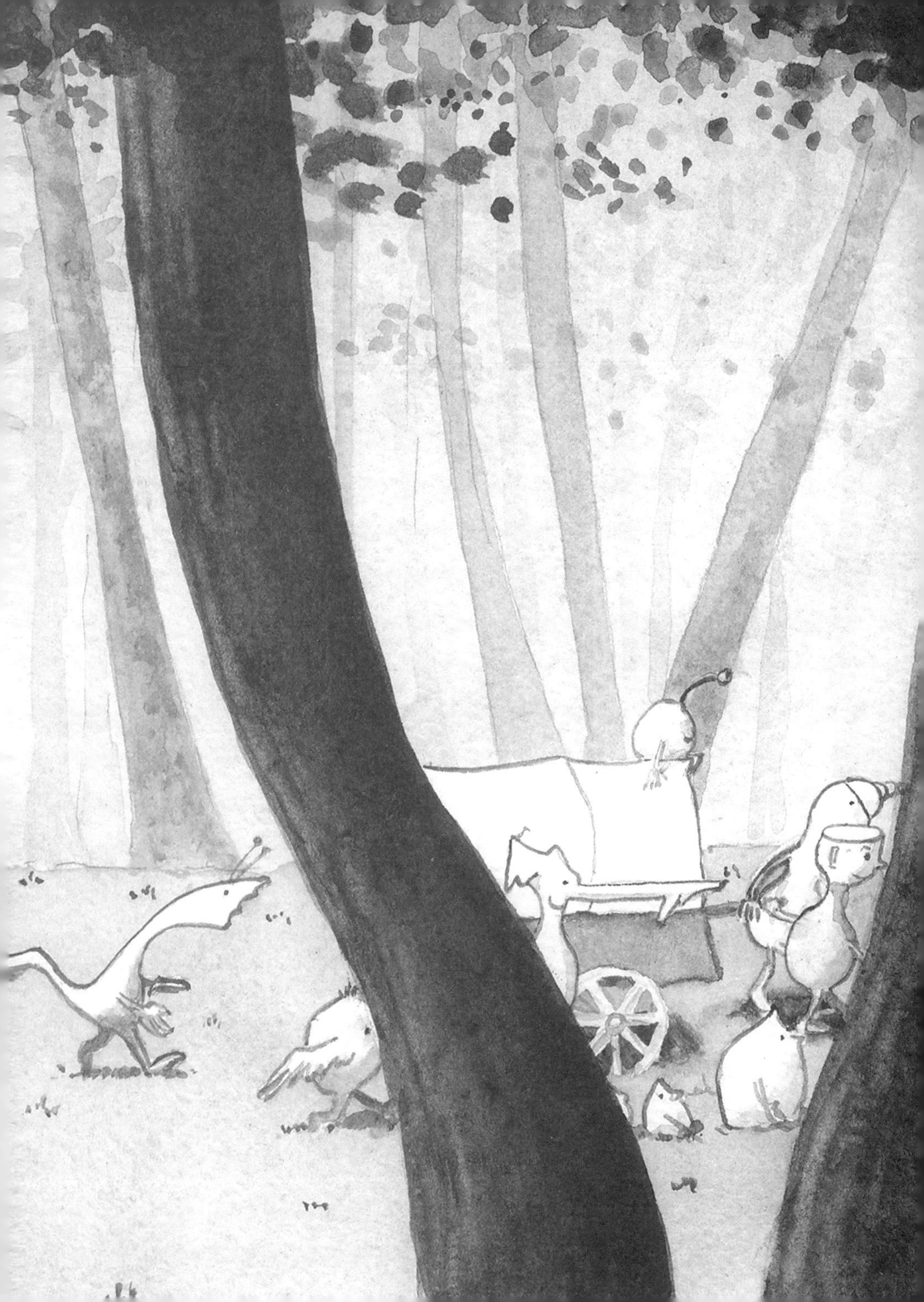

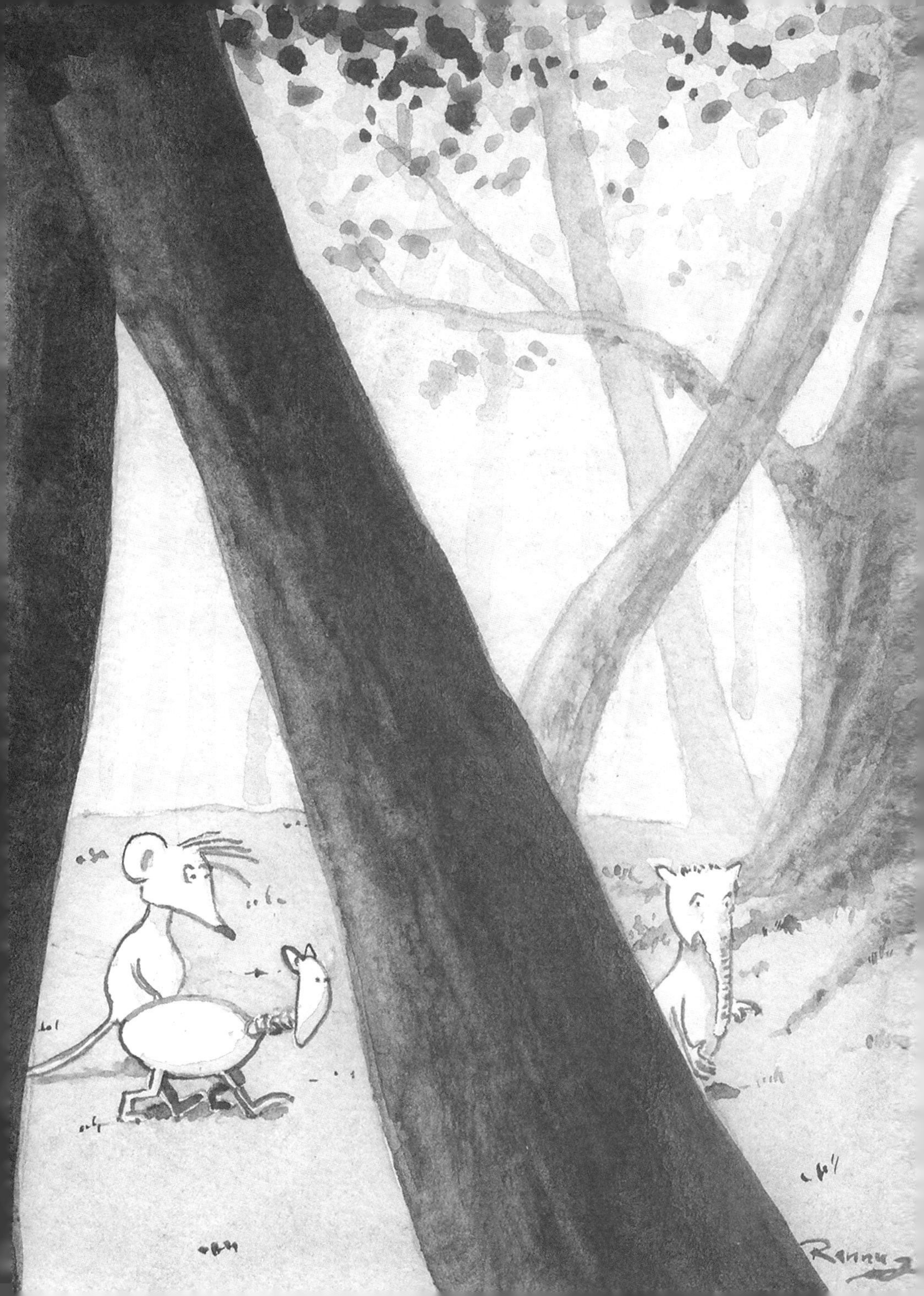

schnurren anfing. Trompetend schwang er sich in die Luft, woraufhin alle lachten und klatschten und dem kleinen Elefanten Süßigkeiten zuwarfen, die er geschickt in der Luft auffing und in seinem Mund verschwinden ließ.

»Iss nicht soviel, sonst bekommst du Bauchschmerzen«, mahnte Krümel.

»Nee nee«, sagte Neenee.

Inzwischen war ein Lagerfeuer entfacht worden. Die Flammen machten den Ort behaglich. Der Anführer der Reisegruppe kam zu Krümel und verbeugte sich vor ihm. »Gollo kurrlu?«, fragte er und deutete hierhin und dorthin.

Es war gar nicht so einfach, jemanden zu verstehen, der von woanders her kam. Vor allem, wenn einem alles, was dieser Jemand sprach, wie Steinepoltern vorkam. Kauderwelsch, sagte Tante Ziep dazu. Krümel probierte es mit dem geheimnisvollen Wort, das Hopsa gefunden hatte, denn vielleicht war das ja des Rätsels Lösung, vielleicht war es in Wirklichkeit ein Wort aus Schneeflockes Sprache. »Schnatzelschnapf?«, sagte er.

Der Fremde starrte ihn stirnrunzelnd an. Offenbar sagte ihm das Wort nichts. Er wiederholte seine Frage und zeigte dahin, wo sie hergekommen waren, dann in die andere Richtung, dann nach links und rechts.

»Habt ihr euch verlaufen?« Krümel kratzte sich am Kopf. »Das hier ist der Dreiwünschewald. Da vorn geht's zum Meer. Meer!« Er ahmte die Geräusche des Meeres nach, wenn es mit friedlicher Stimme sprach, und deutete mit der Pfote Wellen an.

»Mer«, sagte der Fremde zu seinen Verwandten.

»Mer«, wiederholten alle und nickten.

»Und da, auf der anderen Seite, kommt ihr irgendwann wieder ins Freie, und da gibt es ein paar Dörfer«, erklärte Krümel und deutete mit den Pfoten Häuser an.

»Dörr-fah«, sagte der Fremde.

»Dörr-fah«, wiederholten alle, und diesmal klatschten sie in die Pfoten, als hätten sie etwas gesucht und gefunden.

Krümel zog nachdenklich die Nase kraus. Ob sich seine Sprache für Schneeflocke auch wie Steinepoltern anhörte? Er versuchte, sich vorzustellen, wie es wäre, wenn Hopsa ihm etwas erzählte, und er nur *Brobrobrob* verstand. Das musste merkwürdig sein. Dann wäre Hopsa ihm fremd. Dann müsste er Hopsa genau angucken, um zu erraten, was er meinte, und das wäre natürlich nicht schwer, weil er Hopsa gut kannte und sowieso meist wusste, was er meinte. Aber wenn er Hopsa nicht so gut kennen würde und nicht wüsste, dass er über Wolken oder geheimnisvolle Wörter nachdachte, wenn er seufzte, und dass er dann gar nicht traurig war, sondern sich im Gegenteil wohl fühlte – dann, ja dann wäre es ganz schön schwierig, mit Hopsa befreundet zu sein. Und da dachte Krümel, dass er auch anfangen wollte, Wörter zu sammeln. Vielleicht konnte er seine Mama oder seinen Papa bitten, ein paar davon in sein Heft zu schreiben, und wenn er erst in der Schule war, würde er alle lesen und neue Wörter dazuschreiben können. Und das allererste Wort in seinem Heft sollte *Schneeflocke* sein.

Mit einer einladenden Bewegung forderte der Anführer der Reisegesellschaft ihn auf, sich zu ihnen zu setzen, und holte ein fremdartig aussehendes Instrument aus dem Wagen. Es sah ein bisschen aus wie eine Fiedel, aber es hatte Hörner auf dem Gehäuse und eine ungewöhnliche Form. Der Fremde fing an, eine traurige Melodie zu spielen, doch nicht von der Art, die einen unglücklich machte, sondern von der Art, die einen zum Seufzen brachte und wünschen ließ, dass man das Abenteuer suchen ging oder das Unbekannte erforschte oder ein geheimnisvolles Wort fand.

Eine andere Fremde hatte einen flachen Stein aus dem Feuer genommen und buk nun einen dünnen Teigfladen darauf, den sie, sobald er fest geworden war, Krümel reichte. Er biss hinein; der Fladen schmeckte süß und lecker. Neenee, der die ganze Zeit von einem zum anderen geflogen war und jeden mit seinem Rüssel betastet hatte, kam herbeigeflattert und trompetete entrüstet. Krümel gab ihm ein Stück ab und dabei fiel ihm ein: »Ich hab' noch ein Marmeladenbrot dabei.«

Er öffnete seinen Rucksack, nahm die Scheibe heraus und teilte sie auf. Dass das meiste von der Marmelade zu Boden tropfte und seine Pfoten ganz klebrig wurden, machte nichts; es brachte die Fremden zum Lachen, vor allem, als sie selbst auch klebrige Pfoten bekamen. Das größte Stück gab er Schneeflocke. Er wusste nicht, ob sie es merkte, aber er wurde rot, als sie sich verbeugte und »Sajnas!« sagte. Und er war ziemlich sicher, dass das *danke* bedeutete.

Ich kann Fremdländisch, dachte er aufgeregt. Das musste er unbedingt seiner Mama und seinem Papa erzählen, wenn er nach Hause kam! *Sajnas* bedeutete *danke*, und *Yäkijä Guten Tag*. Aber obwohl er das wusste, verstand er doch nichts von dem, was die Reisenden sich untereinander erzählten. Und dabei hätte er so furchtbar gern mit Schneeflocke gesprochen!

Er hatte eine Idee, holte sein Heft aus dem Rucksack und zeigte es ihr. »Das ist mein Expeditionsbuch«, sagte er stolz. »Siehst du, das ist ein umgestürzter Baum, den wir gefunden haben, Neenee und ich. Ich habe ihn erforscht und alles, was ich gesehen habe, hier reingemalt, ganz allein.«

Schneeflockes Augen leuchteten, als sie seine Bilder mit ihren fremd klingenden Worten kommentierte, und dass er sie nicht verstand, machte fast gar nichts. Dann holte sie ein Heft hervor und reichte es ihm, und darin hatte sie ein paar Dinge gemalt: ein Haus, das wie ein Pfirsich aussah, ein Seepferd auf vier Beinen und Felder, auf denen Wäscheklammern wuchsen.

Gegenseitig zeigten sie sich ihre Bilder und malten neue Bilder, um einander etwas zu erklären, und lachten dabei viel, und plötzlich stellte Krümel etwas Außergewöhnliches fest: Lachen war in allen Sprachen gleich. *Danke* und *Meer* und *Guten Tag* hieß überall anders, und wenn man nicht aufpasste, konnte man es vielleicht mit *Auf Wiedersehen* oder *Wald* oder *Entschuldigung* verwechseln. Aber ein Lachen konnte man nie verwechseln. Ein Lachen bedeutete da, wo die Fremden herkamen, dasselbe wie im Dreiwünschewald.

Der Nachmittag verging wie im Flug. Ehe Krümel sich versah, war es für die Reisenden Zeit weiterzuziehen. Sie packten ihre Siebensachen und verluden sie im Wohnkarren, und dann verabschiedeten sie sich von Krümel und Neenee, klopften Krümel auf die Schulter und kraulten Neenee hinter den Ohren.

Schneeflocke schenkte ihm zum Abschied eine Blume mit himmelblauen Blüten und gelben Tupfen in der Mitte. Sie sagte etwas in ihrer Sprache, das er kaum hören konnte, weil sein Herz so laut klopfte.

»Ich hab' nichts, was ich dir schenken kann«, sagte Krümel bekümmert. »Doch«, fiel ihm ein, »ich habe doch etwas!« Und dann holte er den Kiesel, den er im Frühling gefunden hatte, aus der Tasche in seinem Fell. »Er hat ganz glatte Stellen, siehst du, und fühlt sich richtig gut an in der Pfote. Fühl mal!« Verlegen gab er ihr den Kiesel.

Ob sie ihn nun verstanden hatte oder nicht, jedenfalls hielt sie den Stein so, dass er sich geschmeidig ihrer Pfote anpasste, und fuhr die roten und braunen Streifen nach. Dann drehte sie sich um und lief hinter dem davonrollenden Wagen her.

Krümel sah ihr nach, sogar noch, als er sie gar nicht mehr sehen konnte, weil sie zwischen den Büschen und Bäumen des Waldes verschwunden war. Er wünschte, er hätte ihr gesagt, dass er sie mochte. Aber nicht nur, dass er nicht wusste, wie das in ihrer Sprache hieß, er hatte sich auch nicht getraut. Und jetzt wünschte er, er hätte es wenigstens versucht. Aber vielleicht wusste sie es auch so.

Als Krümel sich schließlich umdrehte und mit Neenee nach Hause ging, fühlte er sich traurig und glücklich, genau wie bei der Musik aus dem fiedelartigen Instrument. Von Zeit zu Zeit roch er an der Blume, die Schneeflocke ihm geschenkt hatte, und dachte, dass er heute mit Sicherheit das ungewöhnlichste Abenteuer erlebt hatte, das ihm je untergekommen war.

11. Kapitel

Wie Krümel eine Menge Spaß hat, obwohl es den ganzen Tag lang regnet

Es regnete. Trippel, trappel, trippel, trappel, pitsch, patsch, pitsch, patsch.

Krümel sprang aus dem Bett und drückte seine Nase an der Fensterscheibe platt. Draußen war alles grau und dunkel. Pfützen hatten sich vor dem Haus angesammelt. Weit und breit war niemand zu sehen; alle kleinen Tiere hatten sich unter ein Blatt oder einen Stein geflüchtet. Ein Windstoß brauste durch das Gestrüpp. Laub wirbelte umher.

Ich mag den Regen, wenn er an die Fenster klopft, dachte Krümel. Poch, poch, poch ... Wie kleine Hände, die Einlass begehrten, Hände von Feen und Wassergeistern. Poch, poch, poch ... Tropfen rannen in langen Bahnen die Scheibe hinunter und bildeten außen auf dem Fensterbrett kleine Pfützen.

Wie so oft dachte Krümel an Schneeflocke. Hoffentlich war sie bei diesem Wetter im Trockenen! Er nahm sein Expeditionsheft vom Nachttisch und schlug es auf der Seite auf, wo er ihre Blume eingeklebt hatte. Die blauen Blüten erinnerten ihn immer an sie. Manchmal roch er daran, und wenn er wollte, konnte er die Augen zumachen und alles noch einmal erleben, die Musik aus dem fiedelartigen Instrument, den leckeren Teigfladen, die Bilder in ihrem Heft.

Die Begegnung war so schnell vorüber gewesen! Nicht einmal in solchen Momenten konnte man die Zeit festhalten. Die Zeit kümmerte sich nicht darum, ob man sich wünschte, der Tag solle nie zu Ende gehen. Krümel blätterte zurück zu dem Bild vom Jahresring des Baumstumpfs. Es blieb einem nichts anderes übrig, als das Beste aus den Augenblicken zu machen, die man zur Verfügung hatte, und sich später zu erinnern. Wenn man sich erinnerte, war *gestern* beinahe wie *jetzt*, und man konnte Schneeflockes braune Augen sehen oder die Berührung ihrer Pfote spüren. Vorsichtig schloss Krümel das Expeditionsheft und legte es zurück. Seine Mama hatte ihm verraten, dass die Blume Denkanmich hieß, und das war ein guter Name für eine Blume, die man von jemandem wie Schneeflocke geschenkt bekommen hatte.

Eine Windbö fuhr zwischen die Bäume und ließ den Regen heftiger gegen die Fensterscheiben klatschen. Krümel huschte zurück in sein warmes Bett. Wenn es draußen stürmte und regnete, war es drinnen gleich doppelt so gemütlich. Er lag still und lauschte auf die Geräusche vor dem Haus. Sie klangen ganz verschieden, je nachdem, wo der Regen aufschlug. An der Scheibe machte es poch, poch, poch, fein und zart. Vom Dach klang es bumm, bumm, bumm, dumpf und hohl. Auf den Blättern der Bäume hörte es sich knackig an: patt, patt, patt. Und über all dem war das gleichmäßige Rauschen zu hören, das von Tropfen herrührte, die in Pfützen fielen.

Lange hielt es Krümel im Bett nicht aus. Er sprang auf und wusch sich das Schnäuzchen. Aus dem Zahnputzbecher vom Nachttisch erklang ein Gähnen, und ein Rüssel streckte sich über den Rand nach draußen. »Guten Morgen, Neenee«, sagte Krümel. »Bist du auch schon wach?«

»Nee nee«, sagte Neenee.

Krümel kraulte ihn hinter den Ohren. Der Elefant trompete, aber es klang ziemlich verschlafen. Krümel holte die Kastanien hervor, die er auf seiner Expedition gesammelt hatte, und machte Erdmunze und Waldgeister daraus, wie Tante Ziep es ihm gezeigt hatte. Anschließend baute er einen Turm aus Bauklötzen. Es wurde ein großer Turm, beinahe so groß wie er selbst.

Draußen trommelten immer noch die Tropfen gegen das Fenster. Neenee, der inzwischen munter geworden war, untersuchte den Efeu und ein Bilderbuch und sauste von Zeit zu Zeit durchs Zimmer. Schließlich kam er auf Krümels Schulter geflogen und rieb seinen Rüssel an ihm.

»Hast du Hunger?«, fragte Krümel.

»Nee nee«, sagte Neenee, aber er meinte bestimmt: Ja ja.

Krümel lief in die Küche hinunter, öffnete den Kühlschrank und holte die Milch heraus. Vorsichtig goss er etwas davon in eine Schale und trug sie langsam, damit er nichts verschüttete, in sein Zimmer. Der kleine Elefant machte sich hungrig darüber her. Sobald er satt war, rülpste er. Lachend brachte Krümel den leeren Teller in die Küche.

Als er zurückkam, war Neenee eben dabei, sich auf seinen Turm zu setzen. »Nicht«, rief Krümel, »du machst –«

Aber da war es schon zu spät. Mit einem Pardautz! stürzte der Turm in sich zusammen. Neenee, der furchtbar erschrak, sauste durch die Luft davon und versteckte sich hinter der Nachttischlampe.

Seufzend suchte Krümel die Bauklötze zusammen und baute einen neuen Turm, diesmal nicht gar so groß, dafür umso dicker. Bald wurde es ihm langweilig, und er wünschte, er könnte nach draußen gehen. Aber dort klatschte immer noch patt-patt, poch-poch, patsch-patsch der Regen auf Blätter, Fensterbretter und Wege.

Sein Blick fiel auf die Uhr an der Wand. Der Zeiger hatte sich kaum von der Stelle bewegt, seit er das letzte Mal draufgeguckt hatte. Ob die Zeit schneller verging, wenn man etwas nachhalf? Den Zeiger drehte, nur ein bisschen, damit die Zeit sich beeilte? Krümel wusste natürlich, dass der Zeiger nicht dasselbe war wie die Zeit, sondern sie nur anzeigte. Aber warum bewegte er sich dann manchmal so langsam, als wolle er ihn ärgern?

Plötzlich merkte Krümel, wie still es im Zimmer war. »Neenee?«, rief er.

Keine Antwort.

Krümel stand auf und sah sich um. Weit und breit war nichts von dem kleinen Elefanten zu sehen. Krümel suchte nach ihm. Er guckte in den Zahnputzbecher. Er guckte unter den Schrank. Er guckte auf das Bücherregal. Nichts. Er guckte unter die Bettdecke. Er guckte in den Papierkorb. Er guckte hinter die Blumentöpfe. Immer noch nichts. Da hörte er ein weinerliches Trompeten aus dem Badezimmer. Schnell eilte Krümel dorthin.

Neenee saß auf dem Rand des Waschbeckens und hielt sich den Bauch. Neben ihm lag eine halb ausgedrückte Zahnpastatube, und in seinen Mundwinkeln klebten weiße Kleckse.

»Hast du etwa Zahnpasta genascht?«, fragte Krümel mit einer strengen Stimme, wie seine Mama sie manchmal gebrauchte, wenn er mit schmutzigen Pfoten zum Essen kam.

»Nee nee«, jammerte der Elefant.

»Zahnpasta ist doch nicht zum Essen, du Dummkopf! Jetzt hast du Bauchweh.« Vorsichtig trug Krümel den Elefanten in die Küche.

»Neenee hat Bauchweh«, sagte er zu seiner Mama. »Er hat die halbe Zahnpasta aufgegessen.«

»Lass mal sehen!«

Krümel war froh, dass seine Mama da war, um sich um Neenees Bauchweh zu kümmern. Sie wusste immer, was zu tun war, wenn man Bauchweh hatte. »Wird er wieder gesund?«, fragte er.

»Natürlich. Es zwickt nur ein bisschen im Magen. Das Beste wird sein, wir bringen ihn in sein Bett.«

Krümel trug den Elefanten zum Zahnputzbecher und legte ihn vorsichtig in die Watte. Neenee trompetete so herzzerreißend und sah so zum Erbarmen aus, dass Krümel versprach: »Ich lese dir eine Geschichte vor.« Er holte sein Lieblingsbilderbuch, das er fast auswendig konnte, weil seine Mama es ihm so oft vorgelesen hatte, und erzählte Neenee, was er auf den Bildern sah.

Als er damit fertig war, schlief der Elefant. Er atmete schwer, und sein Rüssel war rot und geschwollen, aber als Krümel seine Pfote auf Neenees Stirn legte, fühlte sie sich nicht heiß an. Morgen würde alles wieder gut sein.

Draußen tröpfelte es nur noch. Krümel sah aus dem Fenster und entdeckte einen Sonnenstrahl zwischen den Wolken. Schnell lief er in die Küche. »Mama, darf ich raus?«

»Es ist ganz nass draußen.«

»Genau.«

»Na schön, du Racker! Aber komm rein, bevor du frierst.«

Krümel nickte, zog sich Gummistiefel über und rannte nach draußen. Seine Stiefel machten bei jedem Schritt ein schmatzendes Geräusch im Waldboden. Ohne stehen zu bleiben, sprang Krümel durch die großen Pfützen vor dem Haus. Hei, war das ein Spaß! Platsch! Platsch! Platsch! Wasser spritzte nach allen Seiten.

Neben der Buche war eine besonders tiefe Pfütze. Krümel nahm Anlauf und landete mit beiden Pfoten gleichzeitig. PLATSCH! Das Wasser flog drei Schritte weit. Ein Holunderhörnchen konnte nicht rechtzeitig zur Seite springen und wurde von oben bis unten nass. Es schimpfte und zeterte. »Entschuldige«, sagte Krümel. Aber er musste trotzdem lachen.

Als er genug herumgespritzt hatte, stapfte er hinter das Haus und formte Erdmunze und Rüpelfanten aus Matsch, was riesigen Spaß machte. Herr Purzelbaum ging mit einem pinkfarbenen Regenschirm und einem Regenmantel vorbei, aus dem nur seine Nase herausguckte, schüttelte den Kopf und brummte etwas vor sich hin, das wie *Dreckspatz* klang. Aber Krümel machte sich nichts daraus, denn er wusste, Herr Purzelbaum war einer, der nicht nur ordentliche Beete und kurz geschnittenes Gras mochte, sondern sich auch vor Schmutz ekelte, und da war er selbst schuld, wenn er den größten Spaß verpasste.

Als ein Dutzend Matschtiere fertig war, bewunderte Krümel sein Werk. Dann wusch er seine Pfoten in einer Pfütze und beschloss, wieder eine Expedition zu machen, diesmal in der näheren Umgebung. Denn selbst das Altbekannte wurde im Regen aufregend neu.

In einer Senke zwischen einem Dutzend Ahornbäumen entdeckte er Käpt'n Lebertran. Er saß in seinem Ruderboot und hielt eine Angel in die Pfütze.

»Hallo«, sagte Krümel.

»Hallo«, erwiderte Käpt'n Lebertran.

»Was machst du da?«

»Wonach sieht es aus?«

»Nach angeln.«

»Eben.«

»Aber in einer Pfütze angelt man doch nichts!«

»Wo sonst als in einer Pfütze könnte man Pfützenfische fangen?«

Krümel hatte noch nie von Pfützenfischen gehört. Vielleicht wussten nur Seeleute von Pfützenfischen, vielleicht flunkerte Käpt'n Lebertran aber auch. Krümel hatte ihn seit ihrer ersten Begegnung nicht mehr gesehen, nur von weitem, er hatte ihm daher auch noch nicht sagen können, was er über sich herausgefunden hatte. Womöglich glaubte der Käpt'n immer noch, dass er irgendwer anders war. »Ich bin Krümel«, sagte er deshalb herausfordernd.

»So?«, meinte Käpt'n Lebertran. »Das hast du schon mal behauptet, wenn ich mich nicht irre.«

»Ich weiß, dass ich Krümel bin. Und ich weiß noch viel mehr. Ich weiß, dass ich unsichtbar bin und ein Teil von meiner Mama und meinem Papa und vielen anderen, aber außerdem noch ein Teil, der nur ich ist, den niemand sonst kennt.« Krümel reckte sich triumphierend. »Und meine Mama und mein Papa haben all das lieb, sogar den Teil, den sie nicht sehen können!«

Erhobenen Hauptes marschierte er davon und ließ einen verdutzten Käpt'n zurück, der mehrmals »Na so was!« murmelte und beinahe mit seinem Boot gegen einen Ahorn getrieben worden wäre.

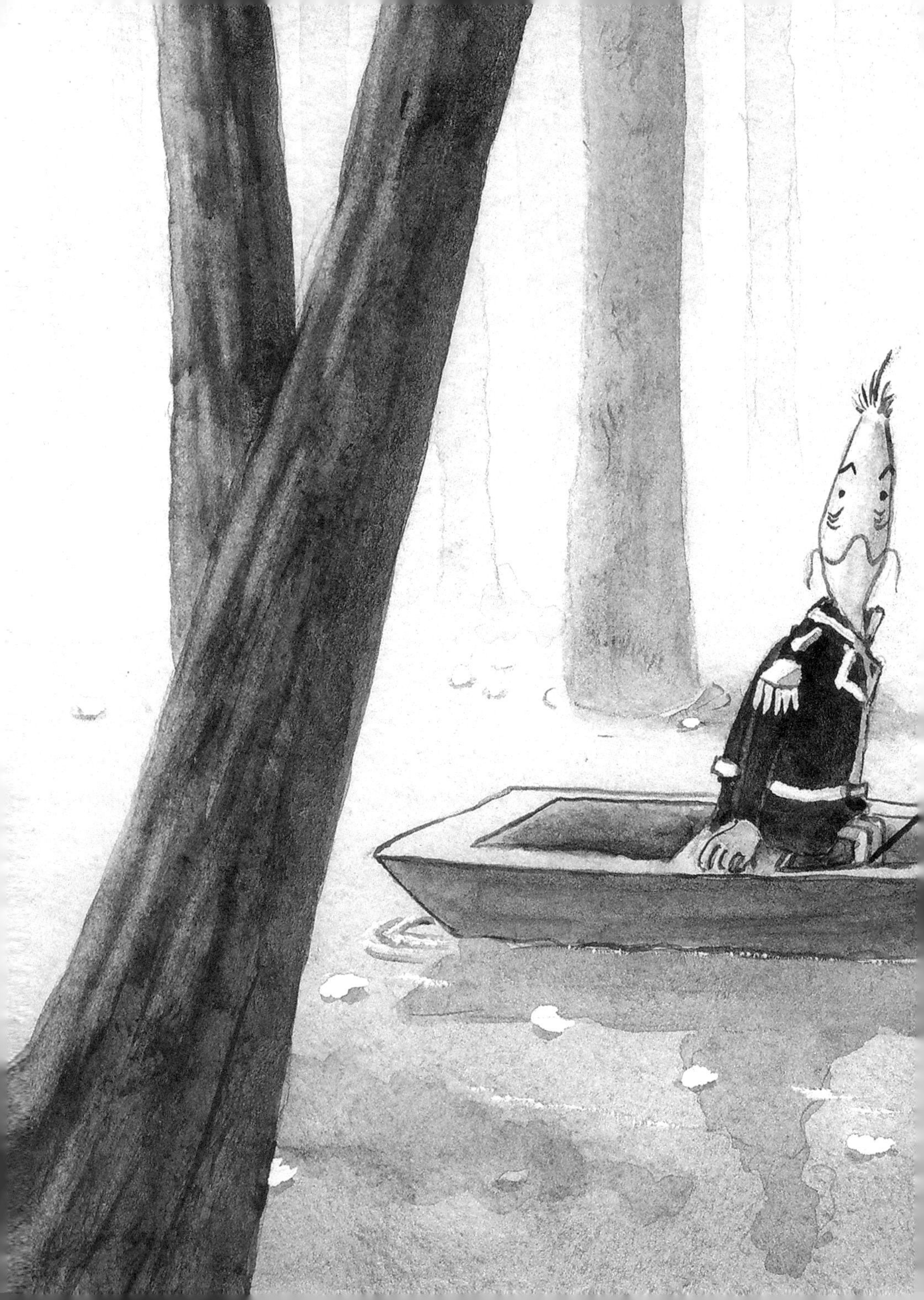

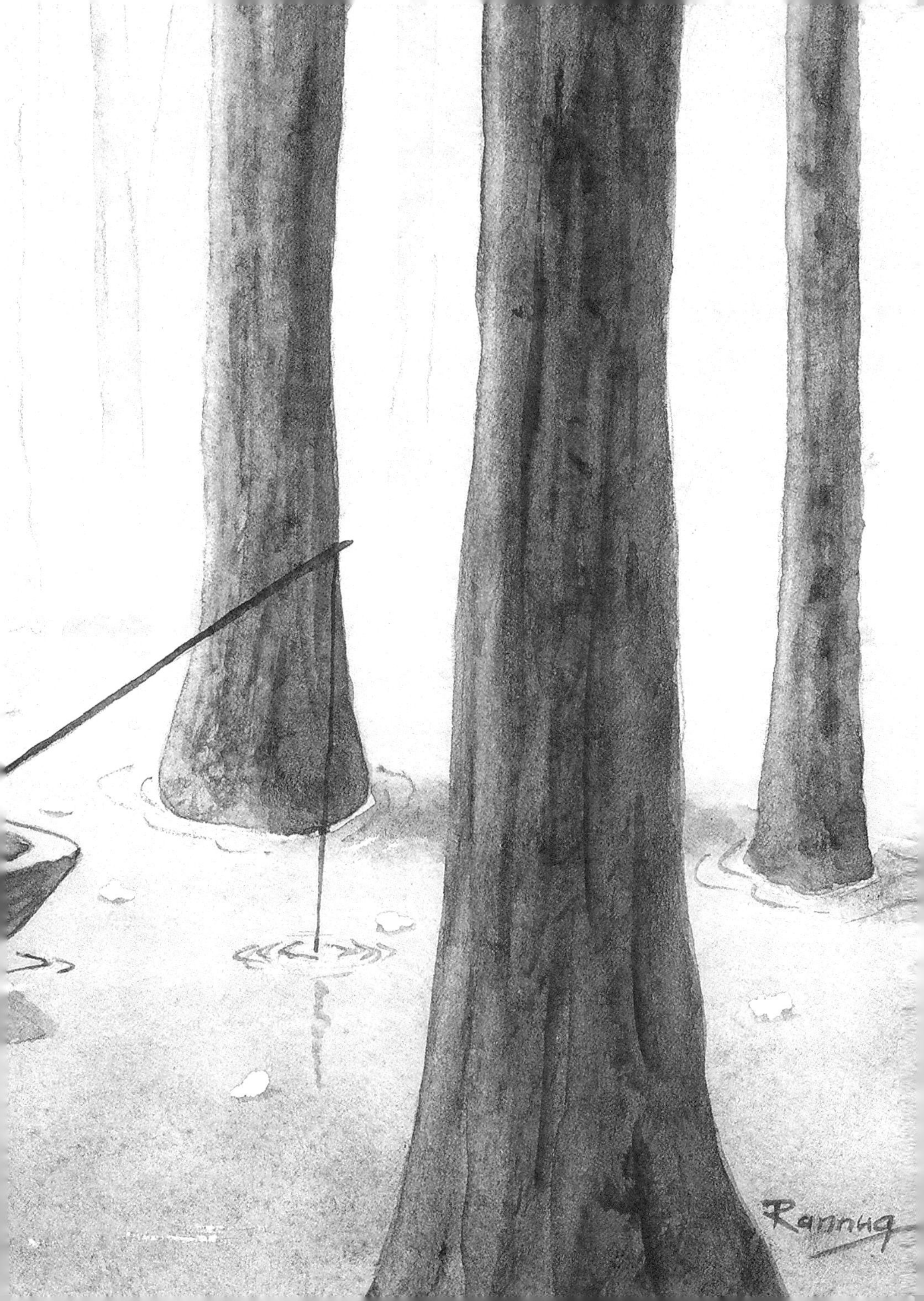

12. Kapitel

Wie Krümel und Hopsa Wolken beobachten

Millionen Blätter segelten durch die Luft wie Farbkleckse. Krümel, der durch die Laubdecke am Boden schlurfte und dem Rascheln lauschte, blieb stehen und berauschte sich an dem Anblick. Die Blätter tanzen, dachte er. Zwei Ahornblätter schwebten herab, drehten sich dabei im Kreis und wirbelten umeinander. Krümel lachte und fing an, mit ihnen zu tanzen. Er hüpfte in die Luft und drehte sich dabei um sich selbst, und dann rannte er zu einem dichten Laubhaufen und sprang mit einem Satz mitten hinein. Kreischend warf er Pfoten voll Laub in die Höhe und ließ sie auf sich herabrieseln.

Er legte sich auf den Rücken und schaufelte von beiden Seiten Blätter über sich, bis er sich mit dem Laub wie mit einer Decke zugedeckt hatte. Nur sein Gesicht guckte noch heraus. Es war wunderbar warm unter den Blättern. Oben am Himmel zogen die Vögel nach Süden und bildeten dabei einen Buchstaben. Ein V, hatte sein Papa ihm erklärt. Neben ihm raschelte es; ein Igel kroch durch die Blätter, um nach einem warmen Platz für den Winterschlaf Ausschau zu halten.

Krümel beschloss, seinen Freund Hopsa zu besuchen. Er hatte ihn lange nicht mehr gesehen; vielleicht hatte er inzwischen herausgefunden, was Schnatzelschnapf bedeutete. Er fand ihn auf der Wiese, die schon merklich kahler aussah als noch im Sommer. Hopsa beobachtete herabsegelnde Blätter.

Wortlos legten sich die beiden nebeneinander ins Gras und schauten in den Himmel. Das Blau war strahlend hell. Wolken schwebten behäbig von einer Seite zur anderen.

»Was meinst du?«, fragte Hopsa.

Krümel wusste, er sprach von der dicken Wolke da oben. Sie war beinahe rund, mit Gnubbeln hier und da. »Ein Kohlkopf.«

Hopsa kniff die Augen zusammen. »Ein Napfkuchen.«

»Eine Portion Erdbeereis.«

»Eine Tasse, aus der etwas rausquillt.«

»Was denn?«

»Kakao mit Sahne.«

Krümel legte den Kopf schief. »Eigentlich sieht sie fast aus wie Herr Purzelbaum.«

»Du hast recht.«

Herr Purzelbaum veränderte sich. Der obere Teil seines Kopfes zog sich zusammen, als ob er sich ärgerte, und am vorderen Teil schob sich ein Wolkenband nach vorn.

»Er streckt uns die Zunge raus.«

Krümel und Hopsa kicherten gleichzeitig los, weil sie genau wussten, dass Herr Purzelbaum so etwas niemals tun würde. Herr Purzelbaum hielt nicht nur viel von ordentlichen Blumenbeeten und gemähtem Rasen, sondern auch von guten Manieren.

Die Wolke trieb weiter. Hinter ihr kamen mehrere kleine Wolken in Sicht.

»Da ist sein Hut«, sagte Krümel. »Und dahinter ein Schuh.«

»Und sein Schirm.«

Die Wolken zerfaserten und lösten sich in Kleckse auf. Die nächste Wolke war so kompliziert geformt, dass Krümel beim besten Willen nichts einfiel, was sie sein konnte.

»Der Dreiwünschewald«, sagte Hopsa. »Siehst du die Baumwipfel? Und unten ist die Brücke über dem Bach, und darauf stehen wir beide und gucken ins Wasser. Und in der Mitte lugt ein Erdmunz hinter einem Baum hervor, und in dem Baum ist der geheime Eingang zu einer Schatzhöhle.«

Jetzt sah Krümel es auch. Hopsa war einfach der alleralleraller-beste Wolkenleser auf der Welt.

»Du bist dran«, sagte Hopsa.

»Da hinten kommt eine, die sieht aus wie ein Schnatzelschnapf. Vorn ein ziemliches Schnatzel und hinten ein gewaltiges Schnapf.«

Hopsa lachte.

Es tat gut, so nebeneinander zu liegen und gemeinsam die Wunder der Welt zu entdecken. Es war ein kostbarer Moment, denn wenn sie nicht jetzt, in diesem Augenblick, zum Himmel geguckt hätten, hätten sie die Wolke, die aussah wie Herr Purzelbaum, und die Dreiwünschewaldwolke und die, die Hopsas Wort ähnlich war, nie zu Gesicht bekommen. Eine Wolke veränderte immerzu ihre Gestalt. Ein paar Augenblicke später war sie schon wieder etwas anderes. Vielleicht waren Wolken gerade darum etwas Besonderes, weil sie nur so kurz auf der Welt waren. Genau wie ein Regenbogen oder die Farben auf dem Grund des Baches.

»Niemand kann voraussehen, wie die Wolken morgen aussehen«, sagte Hopsa, als hätte er Krümels Gedanken gelesen.

»Ja«, sagte Krümel. »Morgen sieht Herr Purzelbaum vielleicht aus wie Onkel Giggel.«

»Oder wie ein Rüpelfant.«

»Oder wie ein Haufen Kieselsteine.«

»Oder wie ein Wackelpudding.«

Sie kicherten wieder. Krümel hatte so ein komisches Gefühl in seinem Bauch, gleichzeitig schön und traurig. Schnatzelschnapfartig, vielleicht. Er wünschte, er könnte für alle Ewigkeit hier mit Hopsa im Gras liegen und Wolken Namen geben. Der Herbst neigte sich dem Ende entgegen, die schöne Zeit draußen würde bald nur noch eine Erinnerung sein. Krümel konnte spüren, wie die Sonne an Kraft verlor; es wurde merklich kühler. Bald wurde es Zeit, heim zu gehen, aber er wollte noch nicht. Er wollte so gern, dass dieser Moment andauerte. Und weil er sich wünschte, dass Hopsa wusste, was in ihm vorging, sagte er: »Die Zeit vergeht viel zu schnell.«

Wie so oft sagte Hopsa erst einmal nichts, sondern dachte nach. Das war etwas, das Krümel an ihm mochte. Hopsa nahm jeden Gedanken, den er mit ihm teilte, achtsam entgegen, und betrachtete ihn von allen Seiten, ehe er antwortete. Er gab Krümel das Gefühl, dass seine Gedanken wichtig waren.

»Manchmal rast die Zeit«, stimmte Hopsa zu, »aber manchmal kriecht sie auch.«

Und damit hatte er nun auch wieder recht. Krümel dachte daran, wie es war, als es geregnet hatte. Oder als er einmal krank gewesen war und im Bett bleiben musste, fünf Tage lang. Hopsa hatte ihn besucht, seine Mama hatte ihm Geschichten erzählt, und sein Papa hatte mit ihm über alle möglichen Dinge gesprochen, über die Sonne und den Schnee und warum der Himmel blau war, aber es war ihm trotzdem sterbenslangweilig gewesen. »Ich wünschte, man könnte sich aussuchen, wann die Zeit schnell laufen soll und wann langsam«, seufzte er. »Oder dass man, wenn einem langweilig ist, nicht jetzt lebt, sondern zu einem anderen Zeitpunkt, wo es schöner ist.« Er richtete sich auf. »Was meinst du? Ob das möglich ist, nicht jetzt zu leben?«

»Ich weiß nicht. Immer, wenn ich über *jetzt* nachdenke, ist *jetzt* zu *eben-gerade* geworden.«

»Oh!«, sagte Krümel. Tatsächlich, der Augenblick, als er seine Frage gestellt hatte, war ja schon wieder vorbei. War nicht länger *jetzt*, sondern *vorhin*, und würde bald *gestern* werden und dann *damals* und sich immer weiter von ihm entfernen. Und das, was in weiter Zukunft lag, was *bald* war und dann *morgen* wurde und *gleich* und immer näher auf ihn zukam, das konnte er genauso wenig festhalten. Er konnte noch so sehr aufpassen und noch so schnell zupacken – in dem Moment, in er *jetzt* in den Pfoten hielt, entschlüpfte es schon in die Vergangenheit. »Wie lang ist *jetzt*?«, fragte Krümel. »Noch kürzer als ein Gedanke?«

Hopsa nickte zögernd, als sei er nicht sicher. »Der Anfang und das Ende eines Gedankens können nicht beide *jetzt* sein. Es braucht Zeit, einen Gedanken zu denken.«

Und wenn er einen ganz kurzen Gedanken dachte? Krümel probierte es aus. Jetzt, dachte er. Jetzt. Beinahe! Aber eben nur beinahe. Sogar ein Wort brauchte Zeit. Er versuchte es mit einem Buchstaben. A, dachte er. O. Schon besser. Doch ein Buchstabe war kein wirklicher Gedanke. Wie schade! Alles, worüber man nachdachte, konnte man nur aus der Ferne betrachten. Aber mit Gefühlen war es anders. Denn auch der Teil eines Gefühls, der noch kleiner als ein A oder ein O war, war doch ein ganzes Gefühl in sich. »Freuen kann ich mich jetzt«, sagte Krümel. »Freuen braucht keine Zeit. Freuen ist einfach da. Und Weinen auch. Freuen und Weinen sind bei mir, wo immer ich gerade bin.«

»Gedanken müssen auch irgendwann mal bei dir sein, sonst könntest du sie nicht denken.«

Das stimmte natürlich. Und trotzdem gab es einen Unterschied dazwischen, das spürte er.

Krümel und Hopsa blickten wieder nach oben, zu den Wolken.

»Ich wünschte, ich könnte sie berühren«, sagte Hopsa.

Sie sahen sich an und lasen in den Augen des anderen den gleichen Gedanken. Ohne ein Wort sprangen sie auf und rannten zu ihrem Kletterbaum am Bach. Die Zweige wuchsen dicht und waren stabil, deswegen kletterten sie dort am liebsten.

Zwischen den Wurzeln lugten die Köpfe von drei Erdmunzen hervor, die anscheinend mit ihrer üblichen Wühlarbeit beschäftigt waren. »Was wollt ihr denn hier?«, fragten sie misstrauisch.

»Klettern«, sagte Hopsa.

»Wozu soll das gut sein?«

»Es macht Spaß.«

»Spaß, ha! Die Welt ist kein Vergnügen. Nichts ist ein Vergnügen. Abgesehen von einer guten Drecksuppe mit fauligen Wurzeln, natürlich.«

Aber sie hinderten Krümel und Hopsa nicht daran, auf den Baum zu klettern. Als die beiden ungefähr die Mitte erreicht hatten, drückte sich Krümel eng an den Stamm, denn der Baum bog sich unter ihrem Gewicht und schwankte hin und her. Die Äste wurden kleiner und kleiner und bogen sich immer stärker. Als Krümel und Hopsa so weit gekommen waren, wie sie sich zu klettern trauten, hielten sie an und blickten gleichzeitig nach oben.

Über ihnen war nur noch Himmel. Sie streckten ihre Pfoten aus. Die Wolken waren nach wie vor weit entfernt. Nicht einmal auf Zehenspitzen konnten Krümel und Hopsa sie erreichen. Und trotzdem waren sie ihnen nahe. Als könnten sie ihre Gedanken und ihr Lachen nehmen und zu den Wolken hinaufwerfen und auf eine Reise um die Welt schicken.

Jetzt, dachte Krümel und stellte sich vor, wie das Wort hochsegelte, geradewegs auf den Rücken einer Wolke zu, die aussah wie das Ruderboot von Käpt'n Lebertran. Schneeflocke, dachte Krümel. Der Gedanke machte es sich in dem Wolkenboot gemütlich, watteweich wie das Kissen von Krümels Bett, und segelte über den Dreiwünschewald in die Richtung davon, in die Schneeflocke mit ihrer Familie gezogen war.

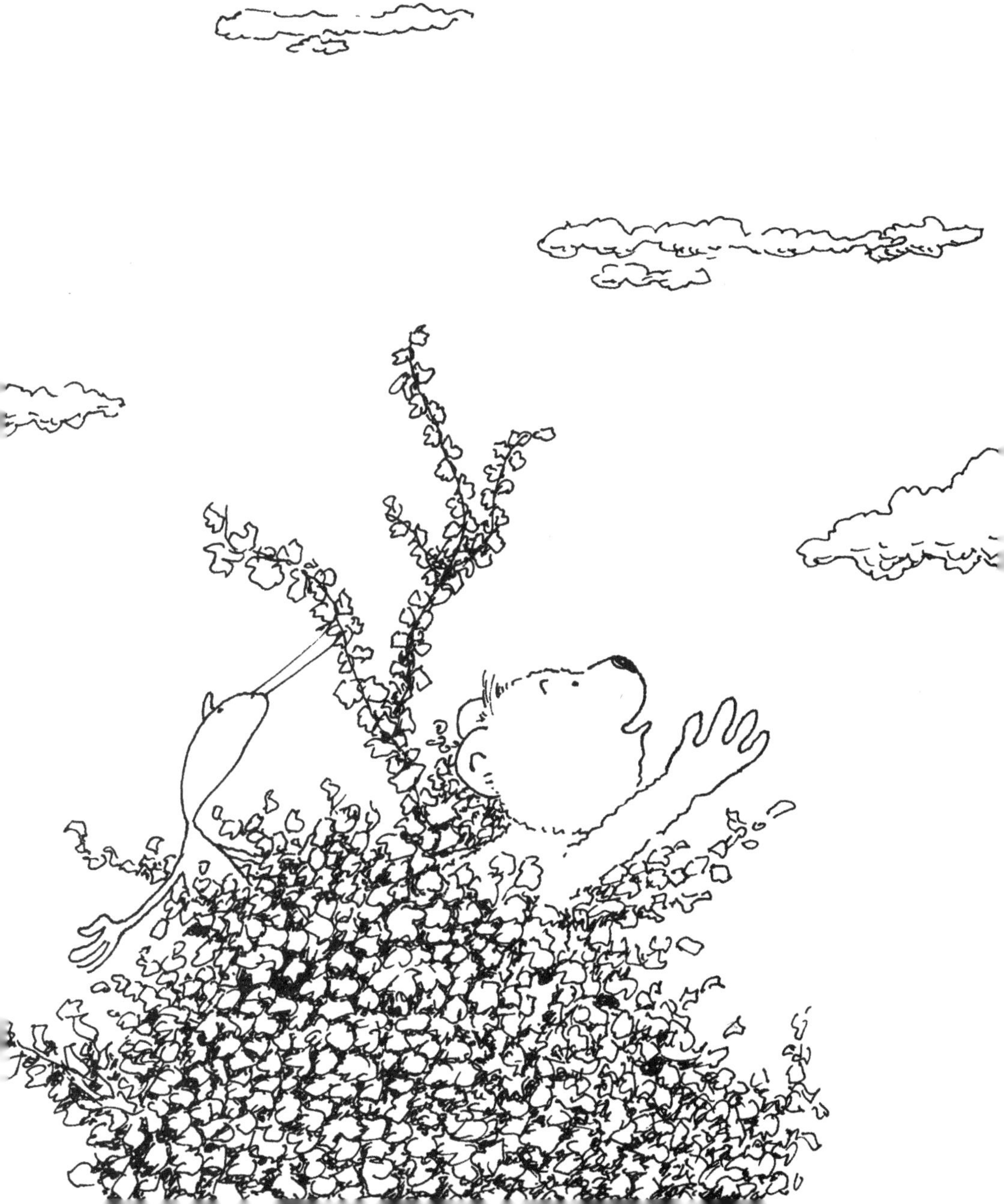

13. Kapitel

Wie Krümel Onkel Giggel und Tante Ziep besucht und Onkel Giggel ihm zeigt, was in ihrem Keller versteckt ist

Draußen war alles weiß. Eine dicke Schneedecke überzog Steine, Bäume und Häuser. Selbst die Schaukel war mit Schnee bedeckt.

»Komm, Neenee, wir bauen einen Schneemann!«, rief Krümel.

Neenee räkelte sich in seiner Watte und blinzelte verschlafen mit den Augen.

»Es hat geschneit, nun komm schon!«

Zu zweit eilten sie nach draußen. Mit einem Schrei warf sich Krümel in den Schnee. Von seiner Begeisterung angesteckt ließ sich der kleine Elefant neben ihn plumpsen. Mit dem Rüssel saugte er die pulverige Masse an und blies sie Krümel ins Gesicht. Dabei trompetete er vor Vergnügen.

»Na warte!« Krümel formte einen Schneeball und warf ihn nach Neenee, und schon war eine wilde Schneeballschlacht im Gange.

Später bauten sie einen Schneemann. Krümel klopfte Schnee fest und kullerte den Brocken über die Lichtung, von vorn nach hinten, von links nach rechts. Zu Anfang war es mühsam, aber je öfter er den Ball drehte, desto runder wurde er. »Du musst mir helfen, Neenee«, keuchte Krümel.

Der Elefant schwebte heran und drückte mit seinen Pfoten gegen die Kugel. Gemeinsam rollten sie sie bis vor die Haustür. Dann machten sie sich daran, eine zweite und dritte Kugel zu formen, die sie auf die erste türmten.

»Wir brauchen einen Hut und Augen und eine Nase.«

Krümel lief ins Haus und holte eine Möhre, zwei Kohlen und einen ausgebeulten Hut von seinem Papa, während Neenee Kieselsteine sammelte und sie im Gesicht des Schneemanns zu einem Mund zusammensetzte. Andächtig bewunderten die beiden ihr Werk.

»Er sieht toll aus«, sagte Krümel.

»Nee nee«, nickte Neenee.

Krümelmama kam aus dem Haus, eine schwere Tasche in der Pfote, und staunte. »Habt ihr den ganz allein gemacht?«

Krümel nickte stolz, und Neenee ließ sich auf dem Kopf des Schneemanns nieder.

»Er sieht gut aus«, sagte Krümelmama.

»Wohin gehst du?«, wollte Krümel wissen.

»Onkel Giggel und Tante Ziep besuchen. Die beiden sind eingeschneit, haben mir die Erdmunze erzählt. Wollt ihr mitkommen?«

»Au ja!«, rief Krümel. Eine Rettungsaktion, das war doch ein herrliches Abenteuer!

»Und du?«, fragte Krümelmama den kleinen Elefanten.

Neenee stürzte sich trompetend in den Schnee, um einen neuen Ball zu rollen.

»Ich glaube, er hat keine Lust.«

»Dann bis später, Neenee«, rief Krümel.

An der Pfote seiner Mama stapfte er am Haus von Herrn Purzelbaum vorbei, der Schnee schippte und dabei in einem fort Schimpfwörter in sich hineinmurmelte.

Es war gar nicht so einfach, dem richtigen Weg in den Dreiwünschewald zu folgen, weil man unter der Schneedecke kaum etwas erkennen konnte. Von Zeit zu Zeit erinnerte sich Krümel an einen ungewöhnlich gewachsenen Baum oder einen Felsen, und das half ihm, sich zurechtzufinden. Erinnerungen sind so etwas wie eine Landkarte, dachte er.

Spuren liefen kreuz und quer durch den Schnee, Hoppelspuren, Schnürspuren, Abdrücke von Krallen. Krümel versuchte herauszufinden, welche einem Hasen, einem Fuchs oder einer Krähe gehörte, woher sie gekommen und wohin sie gelaufen waren. Einmal kamen sie an einem zugewehten Erdloch vorüber, aus dem lautes Schnarchen drang; vermutlich ein Nasenwurf, der Winterschlaf hielt. Nicht weit davon entfernt schimpfte eine Holunderhörnchenmama mit ihrem Kind, weil es nur Schokolade und Kekse als Wintervorrat gehortet hatte. Auf diese Weise verging die Zeit im Nu, und ehe sie sich's versahen, waren sie schon am Ziel.

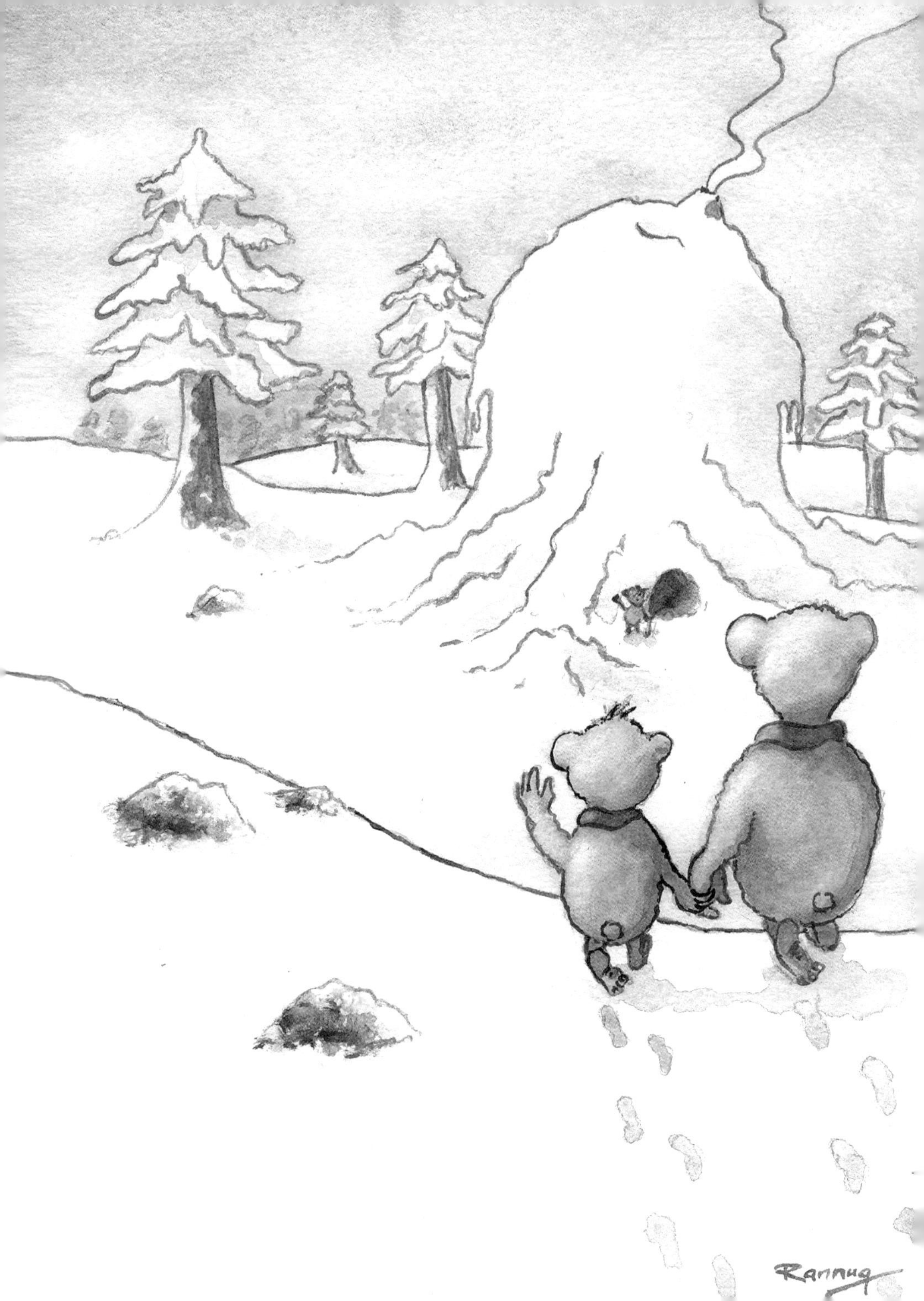
Rannug

Die Erdmunze hatten nicht gelogen, das Haus von Onkel Giggel und Tante Ziep war nahezu vollständig unter einer Schneedecke verborgen. Sogar der Schornstein war zur Hälfte zugeschneit. Ein Tunnel führte von der Haustür ins Freie, und vor dem Tunnel stand Onkel Giggel und schippte Schnee.

»Wir kommen, euch zu retten!«, rief Krümel schon von weitem.

»Da bin ich aber froh«, schmunzelte Onkel Giggel. Er stellte die Schaufel beiseite und umarmte sie zur Begrüßung.

»Du meine Güte«, sagte Krümelmama, »das sieht ja schlimm aus.«

»Wartet erst, bis ihr nach drinnen kommt. Die Decke im Wohnzimmer hat nachgegeben, und ein Teil des Schnees ist aufs Sofa gefallen. Ich habe den ganzen Vormittag gebraucht, um mich durch diesen Tunnel freizugraben.«

»Da musstest du aber viel Schnee schippen«, sagte Krümel.

»Und ob! Drei Berge, so groß wie die Tanne da, habe ich weggeschaufelt.«

Krümel drehte sich um. »Wo sind die denn geblieben?«

»Na ja«, meinte Onkel Giggel listig, »ich habe einen Schneemann daraus gebaut, der war so groß, dass er über den Wald hinweggucken konnte. Und da hat er wohl Fernweh bekommen und ist davongelaufen.«

»Ach ja, stimmt«, sagte Krümel, »wir sind ihm unterwegs begegnet. Er hat gesagt, ich soll dich schön grüßen, und du sollst nicht so viel flunkern.«

Onkel Giggel lachte dröhnend und hielt sich seinen dicken Bauch dabei. Wie immer war sein Lachen so ansteckend, dass Krümel mitlachen musste.

»Erzähl Krümel nicht immer solche Geschichten«, sagte Krümelmama, aber Krümel sah, dass sie Mühe hatte, ernst zu bleiben.

»Na, dann kommt mal rein«, sagte Onkel Giggel. »Tante Ziep hat ein schönes Feuer im Kamin gemacht.«

Tante Ziep stand in der Küche und backte Plätzchen und Kekse. »Willst du probieren?«, fragte sie Krümel, nachdem sie ihn umarmt hatte, und gab ihm ein paar stern- und halbmondförmige Kekse mit Zimt, Mandeln und Puderzucker. Sie waren noch warm.

»Pass nur auf, dass du nicht zu viele isst«, sagte Onkel Giggel, »sonst wirst du selbst zu einem Keks und zerbröselst auf dem Nachhauseweg.«

Krümel verschluckte sich, weil er wieder lachen musste.

»Ich habe euch frische Milch und Brot mitgebracht«, sagte Krümelmama und wusch sich die Pfoten, um Tante Ziep dabei zu helfen, noch mehr Plätzchen zu backen.

In der Zwischenzeit begleitete Krümel seinen Onkel ins Wohnzimmer und sah sich mit ihm das Loch in der Decke an. Ein halbes Dutzend Dachziegel war heruntergefallen, und auf dem Sofa lag eine Pfote voll Schnee. Der Teppich davor war pitschepatschenass. Wenn man den Kopf reckte, konnte man durch das Loch im Dach ein Stück Himmel sehen.

»Siehst du, dort?«, meinte Onkel Giggel. »Der Deckenbalken hat sich unter der Last des Schnees gebogen.«

»Oder weil du so viel flunkerst«, erwiderte Krümel. Das brachte Onkel Giggel von Neuem zum Lachen, und das wiederum brachte Krümel zum Lachen.

Auf dem Wohnzimmertisch entdeckte er einen Haufen stecknadelgroßer Wollschals. Er wusste, für wen die waren. Jedes Jahr strickte Tante Ziep Schals für das Geziefer im Haus. Krümel hatte noch nie Geziefer zu Gesicht bekommen, denn diese Wesen waren sehr scheu, aber Tante Ziep hatte ihm versichert, dass sie äußerst reinlich seien und die winzigen Ecken und Spalten sauber hielten, in die man nie hineinkam, ganz hinten unterm Schrank, zum Beispiel, oder in den Ritzen der Dielen oder hinter dem Herd. Außerdem verbreiteten sie Gesundheitskeime. Das war natürlich äußerst nützlich. Krümel hätte gar zu gern gewusst, wie Geziefer aussah, und ob es die Ecken mit Besen ausfegte, aber Tante Ziep behauptete, die kleinen Helfer wären ungehalten, wenn man allzu neugierig wurde.

Schließlich saßen sie alle um den großen Tisch am Kamin, tranken heißen Kakao und aßen Tante Zieps frisch gebackene Kekse und Plätzchen.

»Schon wieder ein Jahr herum«, seufzte Onkel Giggel. »Ich weiß gar nicht, wo die Zeit immer so schnell hinrennt.«

»Manchmal rennt die Zeit, aber manchmal kriecht sie auch«, sagte Krümel.

»Da hast du recht. Und sowieso ist es wohl wichtiger, wie viel man in so ein Jahr an Abenteuern hineinquetschen kann.«

Krümel nickte eifrig und erzählte seinem Onkel und seiner Tante, was er erlebt hatte, seit er das letzte Mal bei ihnen gewesen war.

»Das ist ja ein ganzer Sack voll Abenteuer«, sagte Onkel Giggel.

Und Tante Ziep meinte: »Es sieht so aus, als hätte das Jahr dir alles gegeben, was es geben konnte. Bestimmt ist es jetzt leer.«

»Bald wird es Zeit, vom Jahr Abschied zu nehmen«, warf Krümelmama ein.

»Abschied nehmen?«

»Oh ja«, sagte Onkel Giggel, »das ist wichtig. Denn bevor man nicht von diesem Jahr Abschied genommen hat, kann man auch kein neues Jahr willkommen heißen.«

Daran hatte Krümel noch gar nicht gedacht. »Aber das war so ein tolles Jahr«, sagte er. »Ich will gar nicht, dass es geht.«

»Das kann ich dir gut nachfühlen. Deswegen füllen deine Tante und ich das Jahr auch immer in Flaschen und Gläsern ab, damit ein Stück davon bei uns bleibt.«

»In Flaschen? Man kann das Jahr doch nicht in Flaschen füllen!« Krümel war sicher, dass sein Onkel wieder flunkerte. Meist konnte man sagen, wann er Spaß machte, weil seine Stimme dann immer gluckste, aber diesmal war sich Krümel nicht sicher.

»Du glaubst mir nicht? Dann komm mal mit.« Onkel Giggel griff nach Krümels Pfote und stieg mit ihm in den Keller hinunter.

Als er das Licht anknipste, erhaschte Krümel eben noch einen Blick auf eine winzige Gestalt, die mit einem Besen von der Größe einer halben Zahnbürste zwischen zwei Fliesen kehrte. In Windeseile flitzte das Wesen unter den Schrank, wo Krümel es kraspeln hören konnte.

»Nicht hinsehen, sonst sind sie beleidigt«, sagte Onkel Giggel.

Krümel gab sich Mühe, in eine andere Richtung zu blicken. Allerlei Krimskrams lag im Keller herum: ein kaputter Schlitten, ein Schaukelstuhl, ein halb fertiges Vogelhäuschen, Teile eines Brückengeländers und ein Türknauf, der wie ein Löwe aussah. Eine Kellerwand wurde vollständig von einem Regal ausgefüllt, darin befanden sich unzählige Flaschen und Gläser.

Onkel Giggel las ihm vor, was auf den Etiketten stand: Apfelwein, Löwenzahnwein, Kiekedawein. Marmelade aus Kirschen, Pflaumen, Aprikosen. Krümel nahm eine Flasche in die Pfote und hielt sie gegen das Licht. Die dunkle Flüssigkeit darin schwappte hin und her. Onkel Giggel öffnete den Korken und ließ ihn an der Flasche riechen. Es duftete nach Kiekeda. Wie wunderbar! Hier hatten Onkel Giggel und Tante Ziep den Frühling in eine Flasche gefüllt, und wenn sie wollten, konnten sie daraus trinken und die Sonne schmecken und sich wieder fühlen wie in dem Moment, als sie die erste Kiekeda gesehen und ihre Herzen einen Hüpfer gemacht hatten.

In dem Regal darunter lag das vorige Jahr konserviert, und darunter das davor, und wenn Krümel wollte, konnte er herausfinden, wie das Jahr geschmeckt hatte, in dem er geboren wurde, und vielleicht sogar das Jahr, in dem seine Mama und sein Papa geboren wurden. Auf diese Weise ging nie irgendwas verloren, genau wie in den Ringen der Bäume. Auch in Krümels Erinnerungen waren die Jahre seines Lebens konserviert, und darum würden sie immer ein Teil von ihm sein, aber trotzdem, so eine Jahresflasche war einfach eine wundervolle Idee!

14. Kapitel

Wie Krümel traurig und ängstlich und zornig ist, alles auf einmal

Als Krümel nach Hause kam, empfing ihn an der Tür ein kleiner Schneemann, kaum größer als zwei übereinanderstehende Äpfel. Er trug einen umgedrehten Blumentopf als Hut und einen Schal. Den hatte bestimmt Neenee gebaut.

Krümel zog sich die nassen Stiefel aus und schlüpfte ins Haus. »Ich bin wieder da«, rief er.

Sein Papa kam aus der Küche und gab ihm einen Kuss zur Begrüßung. »Na, wie war's?«

Krümel erzählte ihm von dem Tunnel, den Onkel Giggel gegraben hatte, vom Schnee auf dem Sofa und von den Flaschen, in denen Onkel Giggel und Tante Ziep das Jahr aufbewahrten. »Und ich bin ganz allein nach Hause gegangen«, sagte er stolz. »Mama bleibt über Nacht, um Tante Ziep zu helfen, die Teppiche zu trocknen, wenn Onkel Giggel das Dach repariert hat.«

»Du bist allein gekommen? Den ganzen Weg?«

»Ich bin doch schon groß.«

»Das stimmt«, sagte sein Papa, und dann machte er ihm erst mal eine Tasse heißen Kakao.

»Hat Neenee den Schneemann gebaut?«, fragte Krümel, während er trank.

»Ja.«

»Wo ist er überhaupt?«

»Ich glaube, in deinem Zimmer.«

Krümel stellte die Tasse ab und lief die Treppe hinauf. »Neenee«, rief er, »ich bin wieder da! Ich muss dir was erzählen, von Onkel Giggel und Tante Ziep.« Suchend sah er sich um. »Neenee?«

Neenee lag auf dem Fensterbrett, auf einer Seite, die Flügel eingeklemmt. Der Rüssel hing bewegungslos herab.

Krümels Herz setzte einen Schlag aus. »Neenee?«, fragte er. Er merkte, dass seine Stimme hoch und schrill klang. In seinem Bauch bildete sich ein schwerer, kalter Klumpen.

Krümel ging einen Schritt näher, wagte es aber nicht, ganz ans Fensterbrett heranzutreten. »Neenee?«, flüsterte er noch einmal. Einen Augenblick lang erwartete er, der kleine Elefant würde aufspringen und um seinen Kopf surren und wie wild trompeten, weil er ihn hereingelegt hatte. Aber Neenee rührte sich nicht. Grau und eingeschrumpelt sah er aus. Krümel streckte eine zitternde Pfote aus und stupste ihn an.

Neenee reagierte nicht.

Krümel rannte in die Küche, stürzte in die Arme seines Papas und schluchzte, obwohl er selbst nicht wusste, warum.

»Was ist los?«, fragte Krümelpapa besorgt.

»Neenee ... er bewegt sich nicht.«

»Sehen wir mal nach.«

Er hob Krümel hoch, und Krümel war froh darüber. Das schrecklich kalte Gefühl in seinem Bauch wurde dadurch nicht weniger, doch es war ein bisschen besser auszuhalten. Er wollte nicht hingucken, aber als sie dann vor dem Fensterbrett standen, wanderten seine Augen wie von selbst zu Neenee.

Der Elefant lag immer noch da wie vorher. Behutsam drehte Krümelpapa ihn auf den Rücken. Neenee schien Krümel anzusehen, aber in seinen Augen war kein Licht, kein Glanz, gar nichts. Sie sahen nur noch aus wie Knöpfe.

»Tut mir leid, Spatz«, sagte Krümelpapa und streichelte Krümel über den Kopf, »ich glaube, Neenee ist tot.«

»Tot?« fragte Krümel. »Was heißt das – tot?«

»Neenees Körper atmet nicht mehr. Er ist kalt und starr, weil sein Herz aufgehört hat zu schlagen. Neenees Ich lebt nicht mehr da drin.«

»Warum?«

»Ich weiß nicht. Vielleicht war er krank, ohne dass wir es gemerkt haben. Vielleicht leben Neenees auch nie länger als bis zum Winter.

Wie die Blätter an den Bäumen, weißt du. Du hast ja gesehen, wie im Herbst eins nach dem anderen abfällt.«

»Aber als wir den Schneemann gemacht haben, war er noch ganz fröhlich!«

»Manchmal kommt es überraschend.«

Tot. Was für ein beängstigendes Wort! Krümel fand es schwer, es auszusprechen. Es kostete Mut. »Tot«, sagte er leise. Es fühlte sich nicht vertrauter an, wenn man es sagte. Sogar ein so schreckliches Wort wie *Gespenst* oder *Monster* war längst nicht mehr so schlimm, wenn man es ein paarmal vor sich hingesagt hatte. Mit diesem Wort war es anders. »Tot«, hauchte Krümel noch einmal. Es klang jedes Mal wieder eigenartig. Als hätte es nicht das geringste mit anderen Wörtern gemein. Wie ein Fremder, der mitten unter ihnen saß.

Furchtsam und neugierig zugleich fasste Krümel Neenees Rüssel an. Er war hart und überhaupt nicht wie der Rüssel, der ihn manchmal gekitzelt hatte. Es war nicht schlimm, nicht so, wie schleimige Sachen schlimm sein konnten oder solche, die einem Angst einjagen wollten. Der Rüssel war einfach nur hart und kalt. Und reglos, wie ein Ding. Als sei der kleine Elefant kein kleiner Elefant mehr, sondern bloß ein Stück Holz. So fühlte sich also der Tod an! Das Unheimliche daran war nicht, wie es sich anfühlte. Das Unheimliche daran war, wie ein trompetender, übermütiger Neenee zu so etwas wie einem Stück Holz werden konnte. Das Unheimliche war, dass der Tod etwas Bekanntes in etwas Fremdes verwandelte.

»Hat es ihm wehgetan?«, fragte Krümel. »Das Totgehen?«

»Ich glaube nicht. Sieh nur, wie friedlich er daliegt! Jetzt hat er jedenfalls keine Schmerzen mehr.«

Staub rieselte vom Fensterbalken und fiel auf Neenee. Neenee rührte sich nicht. Er wischte sich nicht über das Gesicht. Er pustete den Staub nicht fort. Ein Käfer kroch über sein Bein, ohne dass es Neenee kitzelte.

»Der Käfer soll weggehen!«, sagte Krümel und barg sein Gesicht an der Schulter seines Papas. Nur mit einem Auge sah er noch zum Fensterbrett.

Krümelpapa schubste den Käfer vorsichtig herunter. Dann fuhr er mit seiner Pfote über Neenees Gesicht, ganz leicht. Als er sie wieder fortnahm, waren die Augen des Elefanten geschlossen, als ob er schliefe.

Krümel beugte sich vor und piekste Neenee in die Seite. Jetzt hat er keine Schmerzen mehr, hatte sein Papa gesagt. Es schien zu stimmen. Neenee spürte nichts.

»Ist es meine Schuld?«, fragte Krümel. »Weil ich Neenee nicht zu Onkel Giggel und Tante Ziep mitgenommen habe? Weil ich nicht bei ihm geblieben bin?«

Krümelpapa schüttelte den Kopf. »Neenee ist nicht gestorben, weil er dir böse war. Seine Zeit bei uns war abgelaufen, das ist alles. Es hat nichts mit dir zu tun. Nur mit Neenee selbst.«

»Und wenn ich verspreche, jeden Tag mit ihm zu spielen? Und immer achtzugeben, dass er genug Milch kriegt?«

»Nichts und niemand kann einen Toten wieder lebendig machen. Kein Versprechen, kein Wunsch und keine Tränen.« Krümelpapa setzte Krümel ab. »Wollen wir ihn begraben? Im Garten, hinter dem Haus?«

Krümel nickte. Sprechen konnte er nicht.

»Dann geh und such eine Schachtel für ihn.«

Krümel ging zur Rumpelkammer, aber seine Beine waren ganz wacklig. In einem Regal stapelten sich immer noch die Kartons mit dem Weihnachtsschmuck. Krümel holte einen davon heraus und kehrte in sein Zimmer zurück. »Ob Mama mir erlaubt, den Karton hier zu nehmen?«

»Bestimmt. Wir können ihr ja später einen neuen besorgen.«

Krümel leerte den Inhalt auf seinem Bett aus, Weihnachtskugeln, große und kleine. Er musste sich zusammenreißen, um nicht loszuweinen. Neenee würde nicht mit ihnen Weihnachten feiern. Niemals. Krümel nahm den Zahnputzbecher, in dem Neenee geschlafen hatte, holte die Watte heraus und tat sie in den Karton. Als das nicht genügte, holte er mehr Watte aus dem Badezimmer. Krümelpapa legte Neenee in den Karton und verschloss diesen mit dem Deckel.

Krümel ergriff die Pfote seines Papas. Gemeinsam gingen sie hinaus in den Garten. Krümelpapa holte einen Spaten und grub ein Loch in die Erde. Das war schwer, denn der Boden war hart gefroren. Krümel hatte seine kleine Schaufel geholt und schaufelte damit die Erde fort, die vom Spaten herunterrieselte. Irgendwie tat es gut, etwas für Neenee tun zu können, auch wenn es nur Erde wegschaufeln war.

Während er schaufelte, dachte Krümel plötzlich, wie gemein das von Neenee war, einfach so abzuhauen. Sie hätten noch so viel Spaß zusammen haben können! Immer heftiger stieß er seine Schaufel in den Boden.

Krümelpapa unterbrach seine Arbeit. »Bist du wütend?«, fragte er.

»Neenee hat mich allein gelassen«, rief Krümel und warf die Schaufel weg. Am liebsten hätte er ihn dafür verhauen. Ihn oder irgendwen anders, das war egal. Gleichzeitig schämte er sich dafür.

»Du kannst ruhig laut schimpfen.«

Unsicher sah Krümel seinen Papa an. Der nickte ihm aufmunternd zu. Krümel betrachtete die Schachtel am Boden. »Du hast mich im Stich gelassen«, sagte er zu der Schachtel. Mit einem Mal wurde der Zorn in seinem Bauch riesengroß. »Du bist gemein!«, schrie er und stampfte mit der Pfote auf. »Du bist einfach weggegangen, als ich nicht da war!«

Auf einmal war gar kein Zorn mehr in seinem Bauch, obwohl Krümel am liebsten den ganzen Tag weiter geschrien hätte. Auf einmal fühlte er sich nur noch hilflos. Krümelpapa setzte sich neben ihn und legte seinen Arm um ihn, ohne ein Wort zu sagen. Und dann weinte Krümel.

Er blieb dort, im Arm seines Papas, auch noch, als er sich die Tränen aus dem Gesicht wischte. Lange Zeit saßen beide da und sahen der Wintersonne zu, die auf den glitzernden Schnee schien, und einer Krähe, die im Boden nach Nahrung suchte.

Die Kälte kroch ihnen unter das Fell, deshalb standen sie irgendwann auf und setzten ihre Arbeit fort, bis das Loch tief genug war. Krümel nahm die Schachtel, in der Neenee lag, und legte sie auf den Boden des Loches. Fragend sah er seinen Papa an. »Und jetzt?«

»Sag ihm, was du ihm noch sagen möchtest«, schlug Krümelpapa vor.

Krümel sah den Karton an, der so verloren in der schwarzen Erde wirkte. »Ich weiß nichts.«

»Macht nichts. Dann begraben wir ihn eben so. Und wenn dir später noch etwas einfällt, kannst du ja immer noch herkommen und es ihm sagen.«

Krümel trat einen Schritt zurück.

Gemeinsam schaufelten sie das Grab zu, bis alles mit Erde bedeckt war. Krümel besorgte ein Stück Holz, und sein Papa schrieb mit dickem schwarzem Stift *Neenee* darauf. Zuerst wollte der Stift nicht schreiben, aber nach mehreren Versuchen klappte es schließlich. Krümel steckte das Holz in die Erde, und dann gingen sie beide ins Haus zurück, um sich aufzuwärmen.

An diesem Abend fiel es Krümel nicht leicht, ins Bett zu gehen. Die Stille, die sich nachts über die Welt senkte, erschreckte ihn. Alle Geräusche verstummten. Starben. Er hatte Angst, die Augen zuzumachen. Wenn man schlief, war es so, als wäre man ein bisschen tot. Und wenn er nun nicht mehr aufwachte? Aber bis jetzt war er noch jeden Morgen wieder aufgewacht. Und vielleicht ... Krümel richtete sich kerzengerade in seinem Bett auf. Vielleicht war das mit dem Tod genauso! Man verwandelte sich nur. Wie die Raupen, die zu Schmetterlingen wurden.

Ein bisschen getröstet – nicht viel, aber doch ein bisschen – schlief Krümel ein.

15. Kapitel

Wie Krümel merkt, dass jemand fort und trotzdem da sein kann

Krümel wachte auf und wusste plötzlich, was er Neenee unbedingt noch sagen musste. Ohne sich vorher das Schnäuzchen zu waschen oder einen Schal umzulegen, lief er nach draußen zu dem Erdhaufen, unter dem der Karton mit Neenee begraben lag. Unsicher blieb Krümel davor stehen und wusste nicht recht, ob er irgendetwas Besonderes tun musste – die Pfoten falten oder sich hinknien oder den Kopf gesenkt halten oder so was – aber dann dachte er, dass es wohl egal war. Wenn Neenee ihn hörte, dann spielte es keine Rolle, wie er dabei stand.

»Ich hab' dich lieb«, sagte Krümel leise. »Und ich ... ich bin froh, dass du da warst.«

Er wünschte, er hätte es Neenee schon früher gesagt. Warum hatte er nie daran gedacht, als noch Zeit gewesen war? Als Neenee noch lebte? Immer fiel einem so etwas ein, wenn es zu spät war. Er hoffte, dass Neenee wenigstens jetzt wusste, was er ihm bedeutete. Dass er ihn vermisste.

Krümelpapa kam aus dem Haus und legte ihm einen Schal um, aber er sagte nichts. Krümel lehnte sich bei ihm an. »Ich hab' ihm gesagt, dass ich ihn lieb habe«, erklärte er.

»Ich bin sicher, Neenee wird sich darüber freuen, wo immer er auch ist.« Sein Papa ergriff Krümels Pfote. »Und jetzt ist es am besten, du nimmst Abschied. Lass ihn gehen.«

Krümel nickte, machte die Augen zu und sagte in Gedanken Tschüs. Dann kehrte er an der Pfote seines Papas ins Haus zurück. Er wusch sich das Schnäuzchen und putzte sich die Zähne, wenn auch viel langsamer als sonst. Seinen Kakao trank er schweigsam, und sein Papa, der mit einer Tasse Tee bei ihm saß, so nahe, dass Krümel sich nicht gar so allein vorkam, störte ihn nicht in seinen Gedanken.

Krümel dachte daran, wie Neenee ihn immer mit dem Rüssel am Ohr gezupft und wie er sich zwischen den Blaubeeren versteckt und wie er einmal Zahnpasta gegessen hatte, und plötzlich musste er lachen. Erst, als es geschehen war, merkte Krümel, dass es sein erstes Lachen war, seit er Neenee reglos auf der Fensterbank gefunden hatte. Er war froh darüber, denn bis eben hatte er sich überhaupt nicht vorstellen können, je wieder zu lachen. Aber er hatte viel mit Neenee zusammen gelacht, und wenn er lachte, war es ein bisschen, als ob Neenee wieder bei ihm war und ihn mit seinen Flügeln umschwirrte und dabei trompetete. »Weißt du noch, wie Neenee die halbe Zahnpastatube leer gegessen hat?«, fragte Krümel.

Krümelpapa lachte ebenfalls. »Ja, und sein Rüssel war ganz rot, wie eine Tomate.«

»Danach hat er der Tube immer die Zunge rausgestreckt, wenn ich mir die Zähne geputzt habe.«

»Wie gut, dass du dich an die schönen Zeiten mit Neenee erinnerst! So bleibt er bei dir, obwohl er fort ist.«

Krümel drehte nachdenklich seinen Kakaobecher hin und her. »Papa?«

»Ja?«

»Es fühlt sich gar nicht so an, als ob Neenee fort ist.«

»Weil er in dir weiterlebt. Und in mir auch und in allen, die ihn gekannt haben.«

So, wie das Jahr in Onkel Giggels Flaschen weiterlebte. Krümel fand diesen Gedanken tröstlich. Er stand vom Tisch auf, stellte den Kakaobecher weg und ging in sein Zimmer. Er spielte mit seinen Bauklötzen und blätterte in seinen Bilderbüchern und konnte dabei wieder die Welt um sich vergessen, wie früher. Ab und zu kam es vor, dass er sich umdrehte, um Neenee etwas zu zeigen, und plötzlich feststellen musste, dass der kleine Elefant nicht mehr da war, und dann spürte er wieder die leere Stelle in seinem Bauch. Aber meist war er nicht traurig.

Später blätterte er sein Expeditionsheft durch und stieß dabei auf die Blume Denkanmich, und dabei dachte er an Schneeflocke. Auch sie hatte er kennengelernt und wieder verloren, und das war ebenfalls ein bisschen wie tot gewesen. Jeder Abschied war ein bisschen wie tot. Aber sie hatte ihm eine Denkanmich geschenkt. Und er dachte an sie. Immerzu.

Er könnte ihr einen Brief schreiben. Ja, genau! Einen Brief, in den er alle Dinge, die er in diesem Jahr erlebt hatte, hineinmalte. Genau das würde er tun. Er müsste nur seine Mama oder seinen Papa bitten, auf den Umschlag eine Adresse zu schreiben, etwa: *An Schneeflocke, unterwegs*. Oder noch besser: *unterwegs mit einem Wohnkarren*, damit der Brief auch wirklich ankam.

Er nahm ein paar Bögen Papier und seine Buntstifte, setzte sich an den Tisch und fing an zu malen: Neenee, das Grab, seinen Papa und sich selbst, wie sie die Schachtel in die Erde legten. Es tat gut, einen Brief für Schneeflocke zu malen und seine Gefühle mit ihr zu teilen. Beinahe war Krümel wieder froh.

Und doch fing er an zu weinen, als seine Mama von Onkel Giggel und Tante Ziep nach Hause kam und er ihr von Neenees Tod erzählte. Er wusste selbst nicht, warum er wieder weinte, wo er doch eben noch froh gewesen war, und noch verwirrender fand er, dass er an manchen Stellen lachen musste, etwa wenn er erzählte, wie der Stift, mit dem Krümelpapa Neenees Namen auf das Holz setzte, zuerst nicht schreiben wollte.

Seine Mama war nicht böse, dass er einen ihrer Weihnachtsschmuckkartons für Neenees Beerdigung genommen hatte. »Ich hab' noch genug andere«, sagte sie.

Zu dritt saßen sie am Nachmittag auf dem kuscheligen Sofa, Krümel, seine Mama und sein Papa, und sprachen von Neenee und davon, wie er sich angefühlt hatte, als er tot war, und warum er wohl gestorben war. Krümelmama glaubte auch, dass kleine blaue Elefanten mit Flügeln nur bis zum Winter lebten. »Für seine Verhältnisse war er bestimmt schon alt«, sagte sie.

»Müsst ihr auch sterben?«, fragte Krümel bang.

»Alle Lebewesen müssen sterben.«

»Ich auch?«

»Du auch. Eines Tages. Wenn deine Zeit gekommen ist.«

»Wann ist das?«

»Das weiß niemand. Aber vermutlich dauerte es noch sehr, sehr lange.«

»Wie ist das, wenn man tot ist? Wo geht man dann hin? Ich meine, nicht der Teil, der in der Erde liegt, sondern das wirkliche Ich, das unsichtbare. Der Teil, der vielleicht Erdbeereis mag und Kieselsteine sammelt und sich an Mama und Papa und Hopsa und Neenee erinnert.«

»Auch das weiß niemand. Aber denk an die Bäume! Im Herbst verlieren sie ihre Blätter, aber im Frühjahr wachsen die Blätter wieder nach. Vielleicht ist ein Ende immer bloß ein neuer Anfang.«

Niemand wusste, wo er hinging, grübelte Krümel. Und niemand wusste, wo er herkam. Die Wurzeln, so hatte Herr Purzelbaum dazu gesagt. Krümel wusste natürlich, dass er aus dem Bauch seiner Mama gekommen war, aber was war vorher? »Was war ich, bevor ich geboren wurde? Bevor ich in Mamas Bauch reinkam? War ich da trotzdem schon da? Irgendwo anders?«

»Vielleicht. Vielleicht ist der unsichtbare Teil von uns unsterblich und wartet nur darauf, wieder auf die Welt zu kommen. Vielleicht ist da, wo wir herkommen, auch da, wo wir hingehen.«

»Ich kann mich nicht erinnern«, meinte Krümel bekümmert. »Ich kann mich an gar nichts erinnern, nicht mal daran, wie es in Mamas Bauch war. Nicht mal daran, wie es war, als ich noch ganz klein war.«

»Ich kann mich an meine Geburt auch nicht erinnern«, tröstete ihn sein Papa. »Und auch an nichts, was davor kam. Vielleicht muss das so sein. Ein großes Geheimnis. Ein Abenteuer.«

Ja, dachte Krümel, das ist wahr. Es gab Geheimnisse, die noch größer waren als Hopsas geheimnisvolles Wort. Geheimnisse, die niemand lösen konnte, egal wie klug er war. Nicht einmal Hopsa, der gut im Wolkenlesen war, oder seine Mama und sein Papa. Nur Neenee. Neenee kannte jetzt das Geheimnis. Er wusste, was mit dem unsichtbaren Teil von einem geschieht. Und irgendwie freute sich Krümel für Neenee.

16. Kapitel

Wie Krümel und Hopsa das Jahr verabschieden

Hopsa saß am Strand und beobachtete die Wolken, als Krümel ihn fand. Das Meer war heute hellblau und so zahm wie das Holunderhörnchen hinter dem Haus. Der Wind wehte leise vor sich hin. Weit draußen, da, wo der Himmel und das Meer sich berührten, saß Käpt'n Lebertran in seinem Boot, und beide sahen ganz klein aus, obwohl sie in Wirklichkeit so groß waren wie immer.

Krümel setzte sich zu seinem Freund. »Ich hab' ein neues Wort für dich«, sagte er. »Es heißt *tot*.«

»Ja«, antwortete Hopsa nach einer Weile, »ich habe auch schon ein- oder zweimal daran gedacht, es in meine Sammlung aufzunehmen. Ein eigenartiges Wort. Fremd.«

Der Klumpen in Krümels Magen wurde ein bisschen leichter, weil Hopsa ihn verstand, und er fing an, ihm alles zu erzählen, dass Neenee gestorben war und dass sie ihn begraben hatten und alles. Hopsa hörte geduldig zu, ohne etwas zu sagen, wie immer. Sein Schweigen gab Krümel das Gefühl, dass er Hopsa nichts erklären musste, und wie so oft fühlte er sich dadurch besser.

Sie sahen, wie die Wolken über das Meer zogen. Krümel erinnerte sich daran, wie er einmal gedacht hatte, dass sie vielleicht gerade

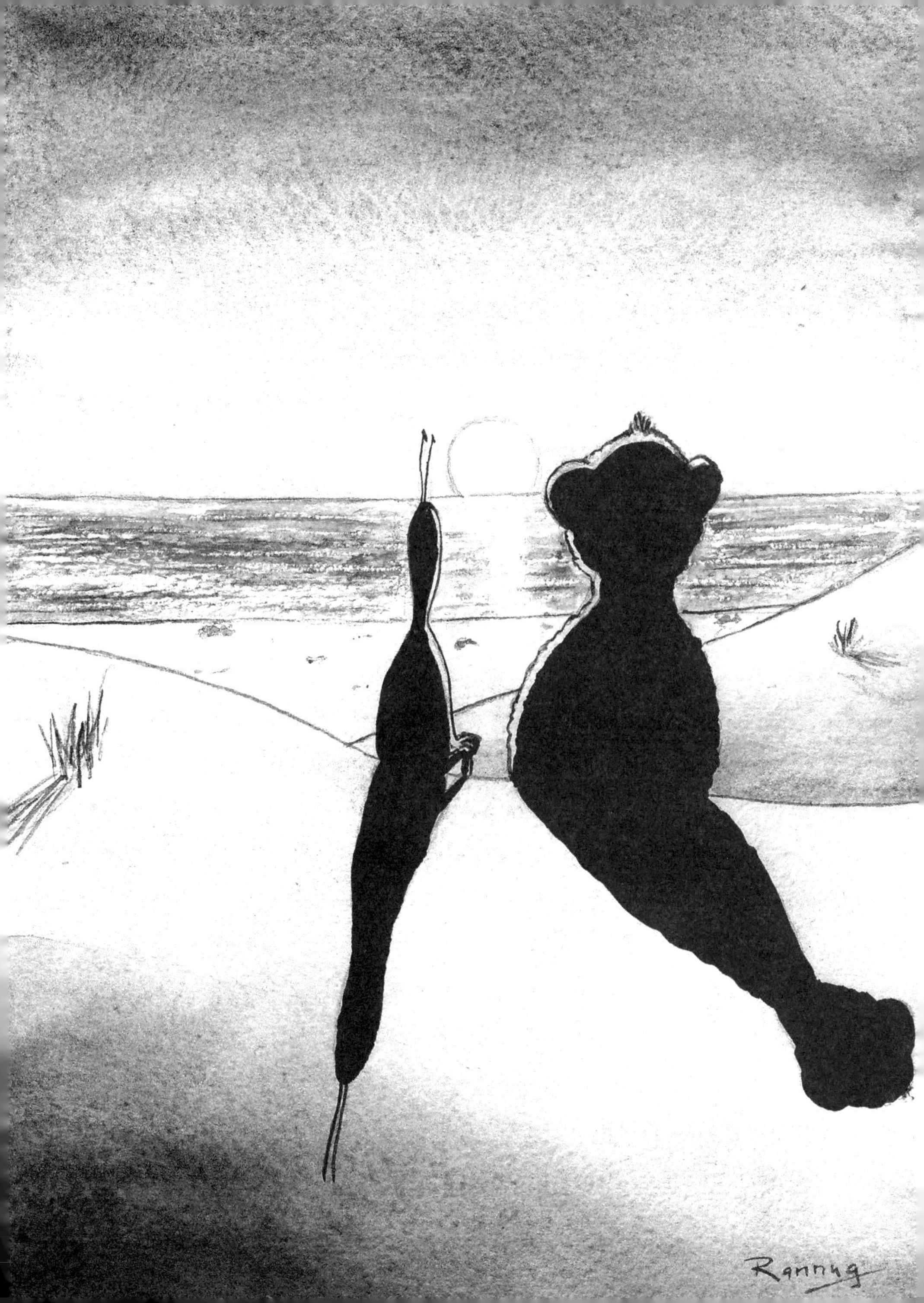
Rannug

darum etwas Besonderes waren, weil sie nur so kurz existierten. Und vielleicht war das mit Neenee und überhaupt mit allem, was lebte, genauso. Gerade weil niemand für immer auf der Welt war, war das Leben, die Zeit von der Geburt bis zum Tod, umso kostbarer.

Er teilte Hopsa seine Überlegungen mit, und der nickte. »Ohne den Tod wüssten wir vielleicht gar nicht, wie schön das Leben ist.«

Eine Wolke, die ein bisschen aussah wie Neenee, nur ohne Flügel, zerfaserte und löste sich im Wind auf.

»Ja, ich glaube, ich sollte das Wort aufnehmen«, meinte Hopsa. »Ein schweres Wort. Angefüllt mit viel Bedeutung.«

Krümel merkte, dass der Klumpen in seinem Bauch längst nicht mehr so weh tat wie gestern noch. »Wo geht der Schmerz hin, wenn er verschwindet?«, fragte er. »Als ich Neenee ins Grab gelegt habe, war der Schmerz überall, hier und hier und hier.« Er deutete auf seinen Bauch, seine Brust, seinen Kopf. »Sogar meine Arme und Beine waren schwer und wollten sich nicht bewegen. Aber jetzt ist viel weniger Schmerz in meinem Körper. Ob der Wind den Rest mitgenommen hat?«

Darauf wusste auch Hopsa keine Antwort.

Krümel ließ den Wind an seinem Fell zupfen. Der Gedanke gefiel ihm, dass der Wind sein Freund war, dass er ihm half, indem er ihm einen Teil der Schmerzen abnahm und mit sich forttrug. Weit, weit weg, wo sie niemandem Schaden zufügen konnten. In ein Land, wo niemand wohnte, vielleicht. Wo es nur Sand gab oder Eis oder Wasser. Vielleicht bis an den Ort, an dem Neenee jetzt war, wo immer das auch sein mochte. Und dann würde der kleine Elefant wissen, wie gern er ihn gehabt hatte.

»Wenn ich traurig bin, stelle ich mir manchmal vor, das Meer nimmt meine Traurigkeit mit sich fort«, sagte Hopsa.

Krümel drehte sich zu ihm um. »Ich bin froh, dass du mein Freund bist«, sagte er und war erleichtert, dass er es gesagt hatte. Rechtzeitig. Wenn Hopsa eines Tages sterben würde, wüsste er wenigstens, wie gern Krümel ihn hatte. »Mein allerallerbester Freund«, fügte er darum hinzu.

»Ich weiß«, sagte Hopsa. Auch er strahlte. »Aber ich bin trotzdem froh, dass du es gesagt hast. Weil du auch mein allerallerbester Freund bist.«

Sie sahen wieder den Wolken zu, die über das Meer dahinzogen. Es war kalt; bald schon würden die ersten Eisschollen vorübertreiben, und dann würde ein Teil der Küste zufrieren, und Eiszapfen würden überall von den Dächern hängen.

Krümel dachte über das vergangene Jahr nach, das so ereignisreich gewesen war. Über all die Dinge, die er herausgefunden hatte, so viele Dinge, dass es für einen ganzen Winter reichte, um darüber nachzudenken. Über die Leute, die er kennengelernt, und die Abenteuer, die er erlebt hatte: Muscheln gesammelt, eine Expedition ins Unbekannte unternommen, Onkel Giggel und Tante Ziep gerettet, beinahe Wolken berührt ... Und Neenee war aus dem Ei geschlüpft und hatte einen Teil in seinem Herzen bewohnt und war gestorben. Und trotzdem oder gerade deswegen war es ein verzaubertes Jahr gewesen. Genauso süß und genauso bitter wie das Leben.

»Wir sollten das alte Jahr verabschieden«, sagte Krümel. »Onkel Giggel hat gesagt, man muss vom alten Jahr Abschied nehmen, damit man das neue Jahr willkommen heißen kann.«

Hopsa war sofort Feuer und Flamme. »Wie stellen wir das an?«

»Na, vielleicht ... vielleicht erinnern wir uns an alles, was wir erlebt haben, und lassen den Wind die Erinnerungen forttragen, genau wie er es mit den Schmerzen macht.«

»Auf den Dünen da hinten«, schlug Hopsa vor.

Sie rannten einen Sandhügel hinauf. Oben war es stürmischer als unten. Sie breiteten ihre Arme aus und schrien die Dinge, die sie erlebt hatten, in den Wind hinaus, die Abenteuer, die Geheimnisse, Schönes und Trauriges.

»Schnatzelschnapf!«, schrie Hopsa.

»Kieselstein!«, schrie Krümel.

»Wolken, die aussehen wie Herr Purzelbaum!«

»Ein Ei mit Neenee drin!«

»Käpt'n Lebertran!«

»Abenteuer! Expeditionen!«

Und immer so weiter, bis sie ganz außer Atem waren. Am Schluss kreischte Krümel: »Danke, liebes Jahr, für deine Gesellschaft!«, und Hopsa stimmte ein, und so schrien sie zusammen »Danke!« und »Mach's gut!« und lachten übermütig. Krümel stellte sich vor, wie der Wind das Jahr davontrug, über das Meer, über das Land, vielleicht zu Schneeflocke, die wissen würde, dass es von ihm kam.

Dann drehten sie sich zur anderen Seite, wo der Wind ihnen ins Gesicht blies, und schrien: »Willkommen, neues Jahr! Bring uns mehr Kieselsteine und Muscheln und Wörter, bring uns neue Abenteuer und neue Geheimnisse! Wir sind bereit!« Und dann ließen sie sich kichernd die Dünen hinabrollen, bis sie unten zu liegen kamen, über und über mit Sand bedeckt. Da lagen sie, und der Himmel über ihnen war so groß, so weit, so vielversprechend, dass es kaum auszuhalten war.

»Jetzt weiß ich!«, rief Krümel. Mit einem Satz war er auf den Beinen.

»Was weißt du?«

»Ich weiß, was dein geheimnisvolles Wort bedeutet.«

»Wirklich?«

»Natürlich! Sieh doch nur, das ganze Jahr ist darin eingefangen.« Wie in den Flaschen, mit denen Onkel Giggel verhinderte, dass die Zeit für immer verschwand. Wie in den Jahresringen der Bäume. Wie in seinem Gedächtnis. Alles war in dem Wort, Hopsa und er und Herr Purzelbaum und die Erdmunze, Geheimnisse und Abenteuer, Wesen, die nachts unterm Bett lagen, komische Zapfen, Fremdländisch, Wolken und Kiesel, das Meer, der Dreiwünschewald, Neenee und alles andere. Jedes *Jetzt* des Jahres war darin aufgehoben.

Genau so musste es sein, dachte Krümel. Schnatzelschnapf war ein anderes Wort für das letzte Jahr. Das Jahr, als er fünf war und das Leben ein einziges Abenteuer.

Taps, Taps ...

TAPS
TAPS

2

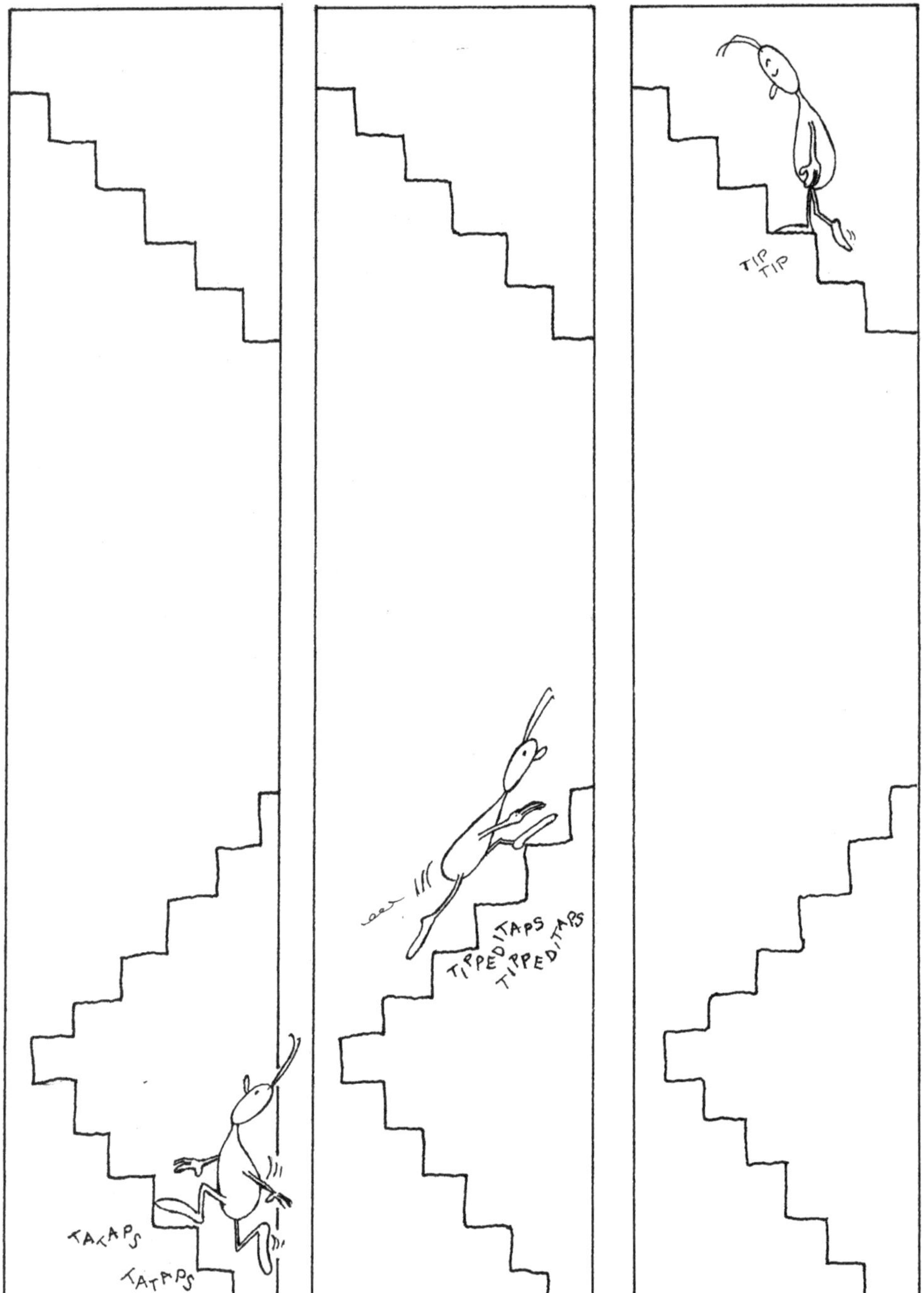
TAKAPS
TATAPS
TIPPEDITAPS
TIPPEDITAPS
TIP
TIP

4

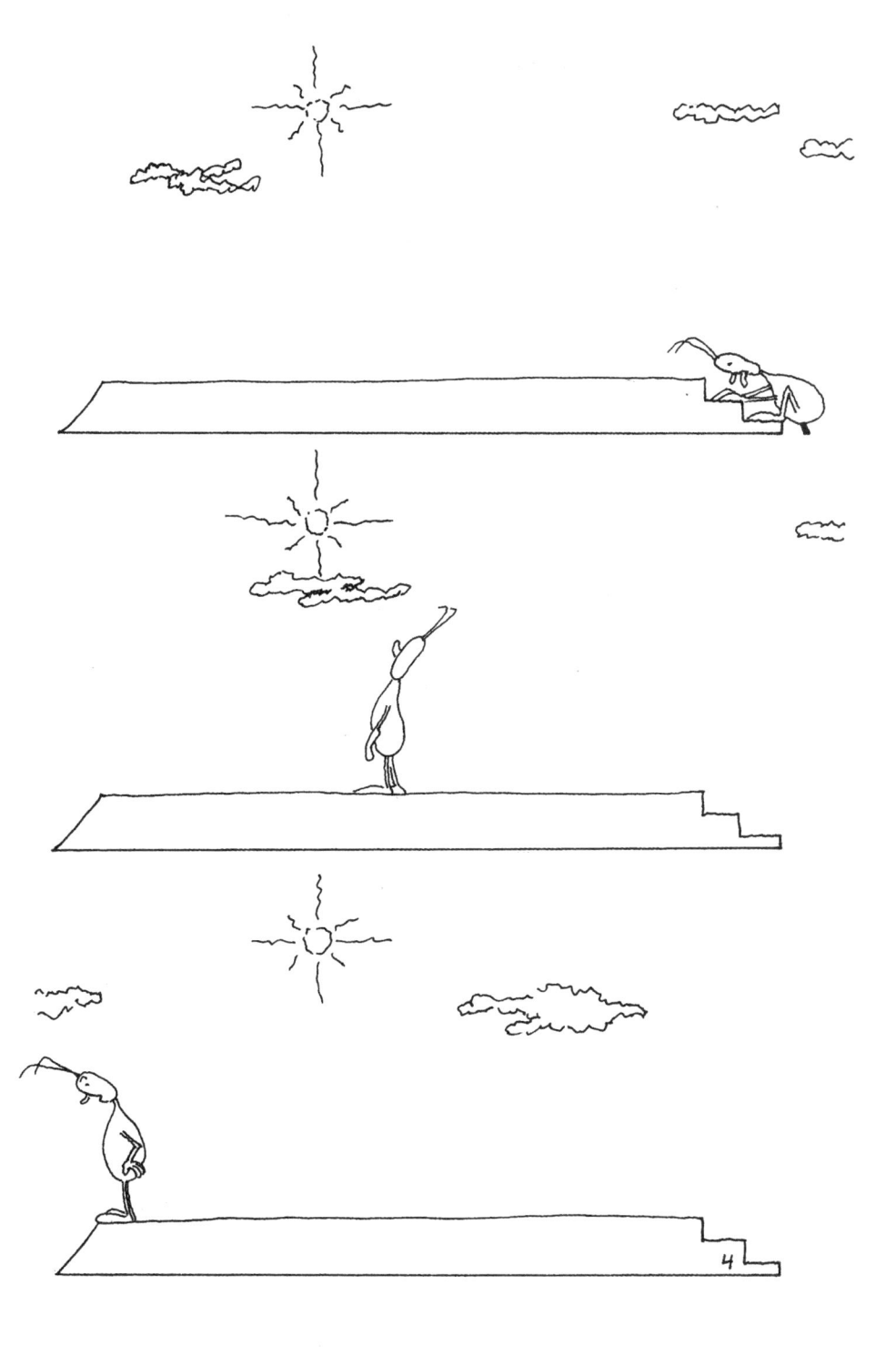

Der Autor und Illustrator

Gunnar Kunz

Gunnar Kunz, geboren 1961 in Wolfenbüttel (Niedersachsen), arbeitete 14 Jahre als Regieassistent und Regisseur an verschiedenen Theatern Deutschlands, ehe er sich 1997 als freier Autor selbstständig machte. Neben Romanen für Erwachsene veröffentlicht er vor allem Theaterstücke und Hörspiele für Kinder, darunter viele Bearbeitungen klassischer Märchen und Märchen aus aller Welt. Gelegentlich zeichnet und malt er unter dem Namen »Rannug« CD-Booklets, Theaterplakate, Buchillustrationen und Cartoons. 2010 wurde er für den Literaturpreis Wartholz nominiert. Gunnar Kunz lebt heute in Berlin.

Fragen nach dem Sinn des Lebens, dem Woher und Wohin haben ihn schon immer beschäftigt, deshalb handeln viele seiner Geschichten von existenziellen Dingen, von Leben und Tod, vom Suchen und Entdecken, von Reifungsprozessen.

Wolfgang Wegner
Vincent und der Waschkobold
Geschichten für's Bad

Eines Abends, als der vierjährige Vincent sich wieder einmal nicht duschen lassen will, kündigt sein Vater ihm einen geheimnisvollen Besucher an. Neugierig geworden, bequemt sich der Junge doch noch ins Bad: Dort wartet der Waschkobold auf ihn. Von nun an kann es Vincent kaum mehr erwarten, sich abends den täglichen Dreck abspülen zu lassen – erzählt der Kobold ihm dabei doch, wie es seiner Heimat, dem Koboldland im Reich der Phantasie, zugeht. Und so lernt Vincent das Pustetier kennen und erfährt, dass sich der Gärtner Giese Kann mit Kartoffeln und Tomaten unterhält, wie Schnurzi Regenkobold wurde und warum es in Flutschis Restaurant nur Pfannkuchen gibt.

Wolfgang Wegner | Vincenz und der Waschkobold. Geschichten für's Bad
mit Illustrationen von Katharina Arendt
80 Seiten | 15 x 20 cm | Hardcover | Fadenheftung | durchgehend vierfarbig
Verlag Monika Fuchs | Hildesheim 2011
ISBN 978-3-940078-23-0 | Eur [D] 14,90 • Eur [A] 15,40 • CHF 27,30 UVP

Erhältlich im Buchhandel und direkt beim Verlag: www.verlag-monikafuchs.de

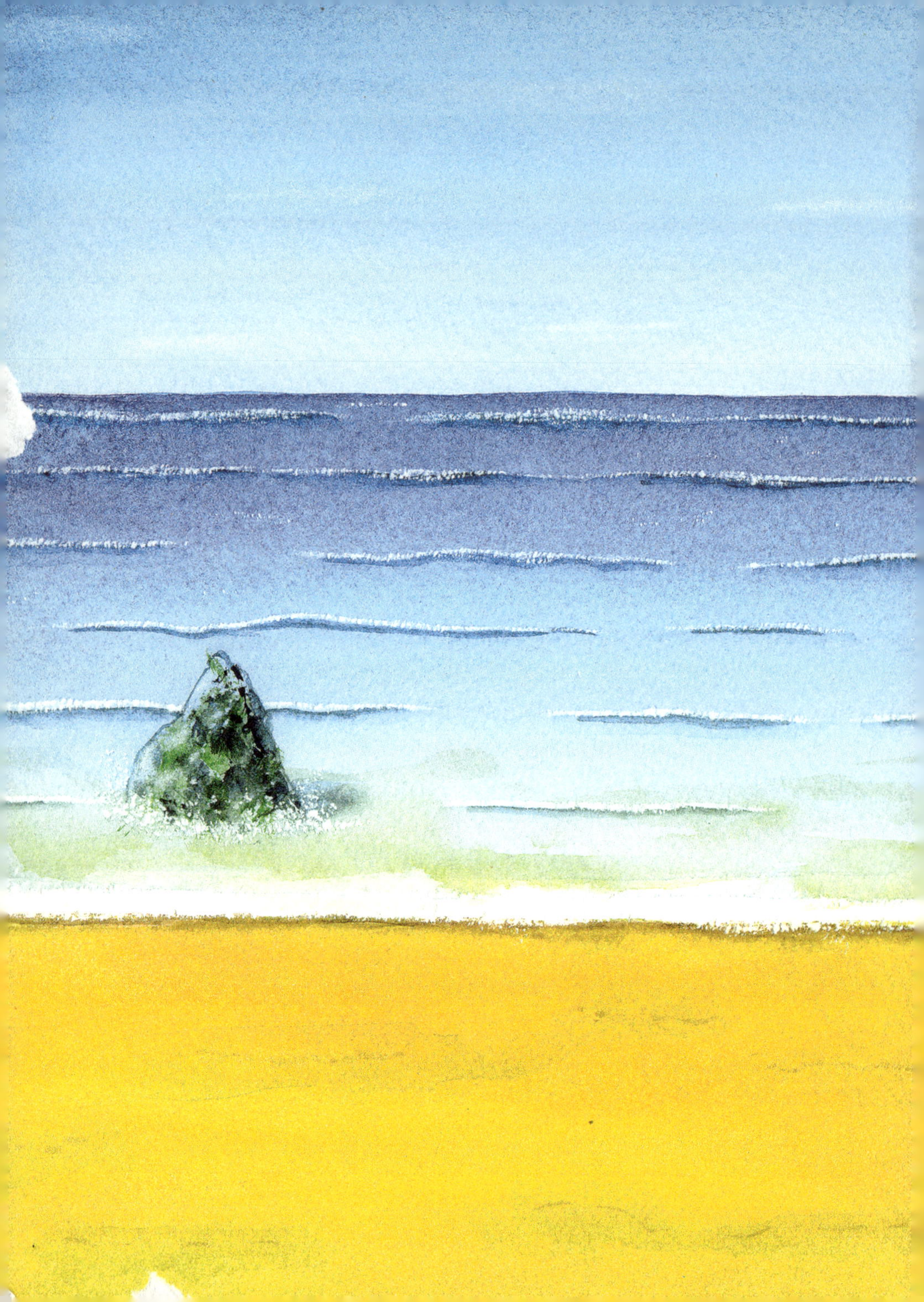